Cantos

Safo

Cantos

Traducción, introducción y notas de
Maria Rosa Llabrés Ripoll

Alianza editorial
El libro de bolsillo

Diseño de colección: Estrada Design
Diseño de cubierta: Manuel Estrada
Fotografía de Javier Ayuso

PAPEL DE FIBRA
CERTIFICADA

© de la traducción, introducción y notas: Maria Rosa Llabrés Ripoll, 2025
© Alianza Editorial, S. A., Madrid, 2025
   Calle Valentín Beato, 21
   28037 Madrid
   www.alianzaeditorial.es

ISBN: 978-84-1148-846-4
Depósito legal: M. 22.954-2024

Si quiere recibir información periódica sobre las novedades de Alianza Editorial, envíe
un correo electrónico a la dirección: alianzaeditorial@anaya.es

Índice

A la memoria de Francisca Massot,
mi primera profesora de Griego,
y de mi prima Asunción Ferrer

Introducción

Safo, la desconocida

Esta introducción debiera comenzar, como es usual, con una biografía. Pero, de hecho, las «vidas» de los poetas griegos antiguos se escribieron siglos después de su época y hoy en día se tienen por poco fiables. Además, a los antiguos no les interesaba subrayar lo mismo que a nosotros nos gustaría saber sobre los autores, especialmente sobre su proceso creativo, sino presentar lo que de legendario o curioso habían recogido sobre ellos y que les hacía personas con un carácter excepcional. Todo ello es aún más patente en el caso de Safo: hay muy pocos datos sobre la poeta real y, en cambio, tenemos un buen número de noticias de una Safo que pudiéramos llamar inventada, a partir de elucubraciones que han elaborado las diferentes épocas para suplir lo que se ignora de ella y tratar de descifrar su misterio.

Porque este detalle resalta a primera vista: el nombre de la primera poeta del mundo occidental está envuelto en un misterio que ha suscitado curiosidad y admiración, tanto como rechazo o afán de disculpa, como si lo único que interesara fuese su vida privada, más que su obra. ¿Quizá por el hecho de que fuera una mujer? De filósofos y poetas masculinos se atiende a su calidad literaria, así como al mensaje que transmiten, y solo secundariamente a sus amores o al contenido erótico de su obra. La llamada «cuestión sáfica» que tanto preocupó a los estudiosos hasta hace poco, implica también cuestionar el papel de la mujer como creadora y su función social.

La primera biografía de Safo de la cual tenemos noticias la escribió en el siglo IV a. C. un tal Cameleonte, más de 200 años después de su época. Otras referencias proceden de la *Suda*, una especie de enciclopedia bizantina compilada hacia el siglo X de nuestra era. También hay diversos testimonios de autores antiguos sobre aspectos de su vida y su obra. Pero, para empezar, no sabemos el origen del nombre de Safo, que ella misma transcribe como *Psappho* y resulta más bien extraño y no griego, probablemente de procedencia oriental[1]. También se ignora con exactitud el año de su nacimiento, pero ya los antiguos situaban su madurez (indicada con el término *floruit*) hacia el año 600 a. C., con lo que podemos concluir que nació unos 40 años antes, el 640 a. C. y así datar su obra entre la segunda

---

1. Aunque algunos autores sugieren que podría ser un diminutivo familiar con el significado de «hermana».

mitad del siglo VII y el primer tercio del VI de la época arcaica griega; fue contemporánea de otro poeta importante, Alceo, nacido como ella en la isla de Lesbos. Se discute el lugar exacto de donde procedía Safo, si era una pequeña ciudad agrícola del sur de la isla, Eresos, o bien la capital, Mitilene, donde transcurrió, de hecho, la mayor parte de su vida. Al pertenecer a una familia aristocrática, parece probable que sufriera las consecuencias de las rivalidades que existían entre estas y también de las luchas civiles con nuevas clases burguesas que trataban de acceder al poder, encabezadas por líderes que combinaban la ambición personal con una indudable capacidad política.

Los poemas de Alceo, perteneciente, como Safo, a una familia de la aristocracia, nos aportan algunos nombres de estos líderes. En primer lugar, el poeta expresa su odio hacia Mírsilo, considerado un tirano, a la vez que narra su colaboración con Pítaco para derrocarlo. Pero Pítaco, traicionando los ideales del poeta, ya desfasados para su tiempo, se pasó al bando de Mírsilo y heredó su poder unipersonal, que ejerció con acierto, hasta el punto de ser considerado uno de los Siete Sabios. Contrajo matrimonio con una mujer noble de la antigua estirpe real de los Pentílidas, a la que alude con hostilidad Safo, al igual que otras como la de los Polianáctidas, familias rivales de la suya. A raíz de estas luchas, parece ser que tanto Alceo como ella padecieron unos años de exilio. Si damos crédito a la noticia del Mármol de Paros —conjunto de inscripciones con datos históricos—, Safo tuvo que huir o emigrar a Sicilia entre el 603 y el 595 a. C. Ignoramos qué relación tuvieron los dos poetas más destacados de Lesbos en su tiempo; hay leyendas que afirman que fue de tipo amoroso, algo poco probable, pero sí es verosímil que se conocieran y que Alceo dedicara a ella el verso «Venerable Safo coronada de violetas, de sonrisa como miel». Juntos figuran representados en algunas cerámicas griegas.

A partir de aquí, debemos confiarnos a la tradición para otros detalles de la vida de la poeta; los anotamos teniendo en cuenta que prácticamente no hay ningún punto que los críticos no hayan puesto en duda. Se da como nombre de su padre, entre otros, Escamandrónimo, que recuerda el del río troyano Escamandro; según la carta atribuida a Safo en las *Heroidas* de Ovidio, murió cuando ella tenía seis años. Su madre se llamaba Cleide, y tenía tres hermanos: Caraxo, Eurigio y Lárico. Según afirman Heródoto (II 135) y otros autores, el primero era comerciante en vinos en la colonia griega de Náucratis, en Egipto. Allí malgastó su fortuna comprando la libertad de la cortesana que el historiador llama Rodopis (sobrenombre que significa «cara de rosa») y es aludida por Safo como Dórica, al parecer atacada en sus poemas junto con su hermano. El menor, en cambio, suponía un motivo de honor para la familia, ya que era copero en el pritaneo de Mitilene, ocupación reservada a los jóvenes nobles. Aquí debemos anotar que los nombres de Caraxo y Lárico, transmitidos tradicionalmente, aparecen en un fragmento (el indicado como n.º 10) descubierto en un papiro en 2014, cosa que a primera vista confirma su existencia; pero, según algunos estudiosos más escépticos, podrían corresponder a personajes típicos de las canciones sobre navegantes (en cuyo caso también podría dudarse de la autoría del poema). Siguiendo con la biografía de Safo, se nos dice que se casó con el rico Cércilas de Andros (nombre que hoy en día se considera un juego de palabras obsceno de la comedia) y se quedó viuda joven. Tuvo una hija, llamada Cleide como su abuela; aparece nombrada en algunos poemas, sin que pueda concluirse taxativamente que se trate de su hija o bien de una más de sus compañeras. También se habla de una autodescripción que hace la poeta de su aspecto físico: baja y de piel oscura, fea para los cánones estéticos de la época.

Sobre la muerte de Safo circuló ampliamente una leyenda —en la cual se basaba una comedia perdida de Menandro, *Leucadia* (siglo IV a. C.)— que afirmaba que ella, enamorada del joven Faón y no correspondida, se suicidó lanzándose al mar desde el acantilado de Léucade, nombre que se hizo mítico por curar, según se creía, las penas de amor. Esta leyenda, aparte de reflejar un posible prejuicio sobre una mujer que adopta un papel demasiado activo en la relación con un hombre, no contiene ninguna base histórica, aunque, como veremos, hizo amplia fortuna en la literatura y el arte posteriores. El personaje de Faón es mítico y representa a un dios de la vegetación que muere y renace según el ciclo de las estaciones, amante de Afrodita como Adonis, del cual quizá era una versión local. Asimismo, el salto de Léucade puede relacionarse con mitos y rituales de muerte y renacimiento místicos. Tal vez Safo en sus poemas hablaba en nombre de Afrodita, en primera persona dirigiéndose a Faón, y ello se interpretó posteriormente como autobiográfico, identificando el «yo» hablante con el de la autora —y hay que advertir del riesgo de esta extrapolación, muy frecuente al interpretar la obra de Safo—. Sin que podamos concretar la fecha de su muerte, parece ser que llegó a una edad avanzada.

El círculo sáfico

Se plantea aquí una cuestión controvertida, incluso en la actualidad. Los poemas de Safo transmiten una serie de nombres de las que la autora identifica en alguna ocasión como «compañeras» (*hetaírai*): Anactoria, Góngila, Mica, Atis, Dica, Girino, Mnasidica y otras, las cuales parecen tener con ella y entre sí una profunda relación afectiva. Por tanto, los textos nos dan idea de una vida en común, de unas actividades compartidas dentro de un círculo femenino. Se ha especulado mucho sobre la naturaleza de este círculo y de las relaciones que unían a sus participantes. Las interpretaciones que se han hecho se pueden clasificar en tres versiones que no son, como subraya Adrados[2], totalmente incompatibles:

– Se trataba de una escuela. Algunos testimonios antiguos afirman que Safo educaba a las jóvenes de la nobleza de Lesbos y la Jonia, y así se ganaba la vida. En esta línea, Máximo de Tiro (II d. C.) cree que practicaba una «pedagogía erótica» o educación a través del amor, paralela, en el ámbito femenino, a la que ejercía Sócrates con sus discípulos. Modernamente sostuvo esta interpretación pedagógica el gran filólogo alemán Wilamowitz (a principios del siglo XX). Bajo su influencia, es quizá la más seguida por los comentaristas, que discuten si la escuela era de música, de ocupaciones femeninas, o incluso de técnicas amatorias, siempre con vistas a un futuro matrimonio.

– Era una asociación de tipo religioso, un thíasos del culto a Afrodita y a otras divinidades tales como las Musas, las Gracias o la Persuasión (y deberíamos añadir a Hera, dada su importancia en Lesbos). Un verso de Safo identifica su casa como de «las servidoras de las Musas»; también hay que tener en cuenta el papel relevante, en los poemas, de rituales y ceremonias en que se invoca la presencia de las diosas. En ello se basa Gentili[3] para afirmar la existencia de un círculo

---

2. En J. A. López Férez (ed.), *Historia de la literatura griega*, Madrid 1988, 193-194.
3. Véase *Poesía y público en la Grecia antigua*, trad. cast. Barcelona 1996, 187-237.

al estilo del thíasos, aunque no es aludido como tal en los fragmentos que conservamos.

– Otras interpretaciones se basan en el aspecto erótico. A veces se ve el círculo como centro de prostitución heterosexual; es una teoría que ya procede de la Antigüedad —como reacción a la cual surgió la de las «dos Safos» en Lesbos: una, la poeta, y otra, una cortesana del mismo nombre—. Algún autor moderno ha resucitado esta opinión al plantear que los cantos de Safo estaban destinados a su ejecución por parte de heteras (*hetaírai*, ya no solo «compañeras», sino con el sentido que le daban los atenienses), para amenizar los simposios o banquetes masculinos; de ahí a considerar que ella misma ejercía esta función hay solo un paso. Más a menudo se considera el círculo sáfico como entregado a las relaciones homosexuales, y aquí se debe hacer una serie de precisiones.

En primer lugar, las mujeres de Lesbos eran famosas en la Grecia arcaica y clásica por sus refinadas artes eróticas con los hombres; solo más tardíamente, ya en época romana, se las identificó con las «lesbianas» en el sentido actual. Hoy en día se trata, ante todo, de comprender el tipo de sociedad en que se desarrolla la poesía lírica y, más concretamente, las piezas que Safo dirige a su grupo de compañeras. Dado que tenemos pocas noticias sobre las condiciones sociales de las mujeres de Lesbos que no provengan de los poemas mismos, resulta útil compararlas con las existentes en otra sociedad de la Grecia arcaica, la espartana del siglo VII. Es lo que ha hecho Calame en sus escritos sobre los coros de doncellas, basándose en lo que se conserva —muy fragmentariamente, como en el caso de los autores lesbios— de los cantos, llamados partenios, que compuso el poeta Alcmán. Eran interpretados por muchachas en diferentes grupos de edad, bajo la dirección de otra algo mayor que actuaba como corega o guía del coro. En ellos expresan alabanzas a la que los dirige, así como tiernos sentimientos de afecto, mientras invocan a diosas ligadas en especial al paso de la edad joven a la adulta, por lo cual podemos intuir que forman parte de rituales de iniciación.

En los poemas en que Safo exhorta a sus compañeras a iniciar el canto, adopta claramente la función de corega de un grupo femenino, al cual dirige consejos sobre temas que van desde el vestuario y los adornos adecuados a profundos aspectos de su visión del mundo. Ello no implica la existencia de una escuela formalmente organizada, pero es indudable el aspecto pedagógico de la obra sáfica. La poeta es como una «hermana mayor» en una asociación de mujeres unidas por la «sororidad» y preparándose para su futuro papel social. La noticia de que ella «cobraba» por sus enseñanzas no podemos entenderla literalmente; el poeta en la sociedad arcaica tiene un papel destacado como maestro en un sentido amplio, y recibe de su comunidad una retribución que se halla en la esfera del honor, no del precio, en forma de regalos de lujo.

Las invocaciones a los dioses forman parte de toda la poesía arcaica, y especialmente de la que se canta en determinadas festividades, sin que ello requiera una especialización del poeta en un círculo religioso. Elementos rituales en una composición no implican tampoco que esta tenga necesariamente una función ceremonial. Por sí misma la poesía tiene un cierto carácter sagrado, como una fuerza irracional que es un don de las Musas. Además, en la Grecia antigua, la religión y el culto son típicamente las formas en que las mujeres pueden tener una relevancia pública. Y en un círculo femenino en que la belleza y el amor adquieren especial importancia, la presencia de Afrodita acompañada de la gracia y la seducción personificadas (las Gracias y Persuasión) es indispensable.

A todo ello hay que añadir que, en la sociedad de Lesbos en época arcaica, así como en Esparta, la mujer tiene un papel más destacado que en otros lugares y, sobre todo, que en la Atenas clásica. Al menos entre la aristocracia, ellas tenían la posibilidad de acceder a la educación, incluso a la creatividad artística, ya que el círculo de Safo no era único, sino que parece encontrarse en competencia con otros semejantes (se citan en algunos fragmentos los nombres de Andrómeda y Gorgo, sus rivales según la tradición). De este modo, las mujeres podrían reunirse en asociaciones como elemento de relación social, como hacían los hombres de la época, sin quedar exclusivamente reducidas al ámbito doméstico. Además, el círculo serviría a las jóvenes de iniciación y preparación para la vida adulta, a la vez que les proporcionaba protección afectiva. Funcionaba como una unidad colectiva para el canto, la danza y la participación en el culto, y también la emoción erótica parecía tener una dimensión plural. Si existía una relación física, no podemos comprobarlo por los poemas de Safo, que hablan, ante todo, de sentimientos, ciertamente apasionados —no de tipo «maternal»— y centrados de forma exclusiva en la mujer. Solo en una o dos ocasiones se habla de una búsqueda del placer en el círculo sáfico, pero nada indica que fuese compartido; seguramente se aprobaba que una joven cuidara y embelleciera su cuerpo, a la vez que de una forma u otra descubriese su propia sensualidad.

Algunos autores ven en este tipo de comunidades indicios de una homosexualidad iniciática, e incluso de la existencia de una especie de unión oficial entre dos muchachas, tanto en Esparta como en Lesbos en aquella época. Sin embargo, el paralelismo con la pederastia masculina —la considerada educativa por los filósofos— no es exacto, ya que las mujeres no se implican en una relación de autoridad del mayor sobre el más joven, sino en unos sentimientos de tipo igualitario que incluso parecen circular entre ellas. Debemos matizar que tampoco parece adecuado afirmar, como hace algún comentarista, que Safo se dirige siempre a mujeres adultas; llama a las de su círculo, tanto «compañeras» como «niñas». Sea como sea, no hay que olvidar que las categorías modernas de homosexual y heterosexual no son adecuadas cuando tratamos de aplicarlas a la Grecia antigua. Para Safo y otros poetas lo importante en el amor no es el género del/la amante ni el de la persona amada, sino los efectos que produce. Hay que tener en cuenta las circunstancias sociales y, sobre todo, el hecho de que la elección personal no es incompatible con el mantenimiento de la institución matrimonial. Por tanto, es verosímil que Safo compartiera su actividad poética y el papel de guía de sus compañeras, con la dedicación a una familia de tipo tradicional. Por lo que sabemos, fue respetada y muy valorada por su sociedad y en épocas posteriores de la cultura griega. Si hubo alguna difamación hasta el punto de identificarla con una prostituta de lujo, podría haberse originado en una enemistad de Atenas con Lesbos o, sencillamente, en el hecho de que en época clásica ya no se comprendía una sociedad femenina educándose en libertad al margen de los hombres y dedicándose a tareas fuera del espacio doméstico, algo que se consideraba solo propio de heteras.

La poesía de Safo

En primer lugar, debemos tener en cuenta que, en la poesía griega arcaica, tanto si pertenece al género épico como al lírico, predomina el carácter oral, ya que está hecha para ser recitada ante un auditorio, no para

la lectura silenciosa e individual. Por eso va estrecha-
mente ligada a un ritmo, a un acompañamiento mu-
sical, y a veces a la danza; en resumen, a un conjunto
de artes que los griegos llamaban *mousiké*, 'el arte de
las Musas'. La obra de Safo, como la de Alceo, es can-
tada y se incluye tradicionalmente en el género lírico
de la monodia o canto para un solista. Este, según la
teoría de Adrados[4], procede de la ampliación de los
elementos monódicos de la poesía popular, que solía
combinar, a veces en diálogo, frases entonadas indivi-
dualmente y por un coro.

En la isla de Lesbos —lugar al que, según la leyen-
da, llegaron la cabeza y la lira de Orfeo después de su
muerte— es donde se desarrolló primero un tipo espe-
cial de monodia muy ligado a la música, lo cual la hacía
diferente de otros géneros poéticos como la elegía y el
yambo, también monódicos. Las innovaciones de Ter-
pandro, que inventó la lira de siete cuerdas —o bien re-
gularizó su escala— a principios del siglo VII a. C., fue-
ron decisivas en el establecimiento de la canción lesbia
como género artístico. Otro cantor de la isla fue Arión,
de quien se cuenta que fue lanzado al mar por sus ene-
migos y salvado por un delfín, relato que ilustra la pro-
tección divina de que gozaba el poeta. El canto monó-
dico, a diferencia del género coral, es más adecuado
para pequeños círculos, ya que, al no estar tan condi-
cionado por las festividades públicas, tiene una expre-

4. Véase *Orígenes de la lírica griega*, Madrid 1976.

sión más directa y más de acuerdo con la individualidad del autor. Sin embargo, ello no implica que hable siempre de experiencias personales, sino que puede identificarse con un personaje o bien, en la línea de la poesía popular, reproducir pequeños diálogos tradicionales. La lengua es una versión selecta del dialecto griego local, el eólico lesbio, en un estilo que da impresión de naturalidad, a veces sencillo y otras de gran elegancia. La métrica eólica es muy variada y debía de estar en función de la música, que desafortunadamente no conservamos. Como característica distinta de otros metros griegos, el ritmo se marcaba más bien en la parte central del verso y no en la inicial, además de agruparse con frecuencia los versos en estrofas.

El poeta lesbio componía cantos, sobre todo, para festividades semiprivadas y reuniones con su círculo de relaciones cercanas (Alceo, para sus compañeros de banquete e intrigas políticas). A veces es difícil separar en su expresión lo personal de lo compartido con situaciones vividas en la cultura o subcultura a la cual pertenece. La poesía de Safo parece dirigida de forma predominante a un círculo femenino al margen del mundo público dominado por los hombres, pero modernamente se hace énfasis en el hecho de que algunos poemas podían tener una dimensión más general y ser no monódicos sino corales. Y no solo los epitalamios o cantos de boda, por la misma naturaleza del género, sino también otras composiciones que oscilan entre el ámbito privado y el público; como en otros autores de lírica coral (Alcmán, Píndaro), la expresión en primera persona no garantiza que el canto sea individual, ya que en la lírica arcaica el yo poético puede ser colectivo. Además, la ocasión podía determinar si un canto se interpretaba en privado o en público; por tanto, existían diferentes posibilidades de ejecución: a cargo de una solista acompañada del coro; de forma exclusivamente coral o bien exclusivamente monódica, por parte de la autora o de una de sus compañeras.

La obra poética de Safo fue agrupada, en la época helenística (siglos III-I a. C.), por los gramáticos de la escuela de Alejandría, en nueve libros clasificados según la métrica, a excepción del último. Sabemos que el primero incluía los poemas, ordenados alfabéticamente, en la llamada estrofa sáfica: tres versos endecasílabos y un cuarto verso más breve, llamado adonio. Safo llevó a la perfección este tipo de estrofa, que fue la parte más celebrada de su obra e imitada a lo largo del tiempo. El último libro de la colección alejandrina recogía los epitalamios, que, como hemos dicho, eran corales o mixtos. De toda esta producción solo se conserva una pequeña parte: unos 200 fragmentos, además de dos odas casi completas (las conocidas con los números 1 y 31).

El estilo de la autora solía calificarse de natural, espontáneo y típico de una naturaleza femenina apasionada; pero conviene matizar esos tópicos. A pesar de que en muchas ocasiones sea esta la primera impresión que transmiten, en un análisis más profundo se observa que hay un consciente y elaborado arte poético en la pretendida espontaneidad. Muestra un gran dominio de la métrica y de la musicalidad de la palabra —recordemos que era, a la vez que poeta, compositora—, con cambios de ritmo que se corresponden con los sentimientos que expresa. Otra característica suya es el descubrimiento de las sensaciones contrapuestas, el valor expresivo en la armonización de los extremos. El vocabulario puede ser de tono elevado o bien sencillo y popular, con recursos simples como la repetición y la sintaxis paratáctica. Aunque la adjetivación sea abundante, los mayores efectos estéticos se consiguen únicamente por la aserción: no se precisan grandes ornamentos ni explicaciones en un mundo de realidades y sentimientos que tienen valor por sí mismos. Es un estilo de poesía que podemos considerar, paradójicamente, de una gran modernidad.

La temática de los poemas

El contenido de la poesía de Safo parece testimonio de una «cultura femenina» que sería tradición en la isla de Lesbos, con unos géneros poéticos específicos. Pero también evidencia un conocimiento de la temática y la métrica generalizadas por los autores masculinos. Por lo tanto, su mundo no es una esfera tan cerrada como a veces se ha interpretado, sino que en él interactúan el ámbito público y el privado. Ahora bien, muchas veces los códigos de la esfera pública son —no sabemos si conscientemente— dislocados y reconstruidos en nuevas formas, dándoles su propia versión.

1. Las divinidades y el culto

Teniendo siempre en cuenta que en la lírica antigua los temas se entrecruzan y superponen, se considera que la poesía de Safo se estructura en torno a dos motivos principales: el amor y la belleza. Y ello se hace patente ya en su forma de enfrentarse a la fórmula tradicional de la plegaria religiosa: así, la llamada «Oda a Afrodita» (n.º 1 de la edición de Voigt) adopta la forma de un diálogo entre la autora —que aparece con su nombre propio— y la divinidad, a quien pide ayuda en un amor no correspondido. El poema da una dimensión visual y plástica de la llegada de Afrodita, a la cual alude con unos epítetos ligeramente ambiguos (tales como «tejedora de engaños»); de hecho, su relación con la diosa es ambivalente: es una divinidad crucial para ella y su círculo, probablemente celebrada en sus rituales, pero a la vez origen de sus extremos padecimientos por amor (como muestra el fragmento 26 recientemente descubierto). Siguiendo con la oda dirigida a la diosa, la repetición de la llamada («de nuevo»...) introduce un cierto distanciamiento, incluso irónico, pero ligado a una cadena de recuerdos. La penúltima estrofa tiene un valor de encantamiento o conjuro, en la seguridad de que Afrodita restablecerá el equilibrio: el amor ha de ser correspondido y ello es una cuestión de justicia. El verso final, que exhorta a la diosa a ser su compañera de lucha, puede interpretarse como una reversión del vocabulario militar, así como el carro en que viajan las divinidades homéricas para auxiliar a los guerreros, aquí viene tirado por pájaros en vez de caballos. El lenguaje se presta a diversas lecturas.

En el poema n.º 2 se invoca la presencia de Afrodita en el recinto de su culto, cuyo ambiente se describe de forma que todos los sentidos se ven implicados. Predomina la creación de un paisaje del cual forman parte los atributos de la diosa (rosas, manzanas, perfumes), que a la vez pueden interpretarse como alusiones al sexo femenino, y nos remiten al sueño de un paraíso intemporal en que la divinidad participa de la fiesta a la par que sus compañeras humanas. Un fragmento muy breve (el 140) ha de entenderse en el marco del culto de Afrodita, ya que la presenta uniendo su voz a la de las celebrantes en lamento por la muerte de Adonis, amante de ella en el mito. Es la primera mención de este culto en Grecia, una actividad ritual que tiene su continuidad hasta la Atenas clásica, lo cual sugiere la presencia de una contracultura femenina con sus propios ritos.

Otras divinidades que aparecen a menudo en los fragmentos de Safo son las Gracias y la Persuasión, en el mismo entorno de seducción femenina presidido por Afrodita. También las Musas, a las que nos referiremos más adelante. Características algo diferentes presentan las referencias al culto de Hera; el himno dirigido a ella (frag. 17) está más en la línea de la plegaria tradicional e incluye alusiones a héroes y a divinidades masculinas. El himno a Ártemis (frag. 44 a) es de atribución discutible; Lobel y Page lo consideran obra de Alceo. Sea como sea, refleja el momento en que una mujer mítica plantea una opción personal por la virginidad, en contraste con la norma social que prescribe el matrimonio.

2. La familia y el «clan»

Es una temática a la cual se presta especial atención actualmente, a raíz del descubrimiento de nuevos textos. Alusiones a miembros considerados de su familia se encuentran en los fragmentos 5, 9 10 y 15, tal vez constituyendo un ciclo, algo que hoy no se ve como puramente personal sino con implicaciones de ejemplaridad social e incluso cívica. Aparecen citados, como hemos dicho, sus dos hermanos; se alude a los «errores» de Caraxo, que repercuten en toda su casa. En cuanto a Lárico, loado según los comentaristas antiguos, se le dedica una suave crítica en el poema 10, presentándolo como un adolescente inmaduro que todavía no asume sus funciones de adulto ni puede defender a su familia. En el fragmento 9 la autora o persona hablante se dirige a su madre —probablemente también en el 10—, la cual es mencionada en el 98a como consejera en cuestión de aderezos femeninos. Y hace su aparición la «niña» Cleide, según la tradición hija de Safo, en los fragmentos 98b y 132, en términos de profundo cariño.

Los estudiosos subrayan asimismo hoy en día una innegable vertiente calificada de «yámbica» en Safo, de reproche e invectiva, reforzando la identidad de su grupo y la ética aristocrática: así en la alusión a la cortesana Dórica en el fragmento 5, a una mujer anónima calificada de «rústica» en el 57, y a otra considerada inculta en el 55, además de ataques a personas y familias rivales: Andrómeda en 68, 130 y 133; Gorgo en 144; la familia de los Polianáctidas en 99 y 155, los Pentílidas en 71. La de los Cleanáctidas de 98b probablemente es otra familia rival, pero podría tratarse de la propia de Safo; en el mismo texto aparece citado un mitileno que se identifica con Pítaco. Como vemos, aquí se parte de una anécdota personal que alcanza incluso tintes políticos. El tono satírico y humorístico de algunos epitalamios (así el 110) es tradicional en el género. A ello hay que añadir los reproches dirigidos a muchachas del círculo que han traicionado a la poeta: su amada Atis (131), Mica (71), Irana (91) y alguna otra.

3. La pasión amorosa

Aunque no exclusivo, es un tema que predomina con intensidad en los cantos de Safo y aquel por el cual ha sido admirada a lo largo del tiempo. En efecto, es aquí donde la poeta adopta su expresión más personal e innovadora. Amor por la familia, de la novia por el novio, de las compañeras entre sí y, especialmente, el deseo erótico, como una fuerza externa que actúa a nivel emocional y físico, dominadora y desestabilizadora, causada por Afrodita o por su hijo Eros. Safo lucha por representar un elemento contradictorio y tal vez inexpresable. En el vocabulario amatorio que utiliza, a la vez que recoge términos de la tradición poética, los combina para caracterizar una nueva situación, los reviste de nuevos significados y los une a otros de creación propia.

Entre los múltiples ejemplos que podríamos citar, comenzamos por el fragmento 16, que al inicio hace una declaración de principios en la línea de las canciones de banquete que se preguntan: «¿qué es lo mejor?». Pero su respuesta es un reto a los valores masculinos –guerra, exhibición de poder–, interpretando desde una nueva óptica el mito de la guerra de Troya. Safo parece justificar a la denostada Helena, cuya pasión, causada por Afrodita, prevalece sobre el amor familiar y conyugal (en términos griegos, el *éros* triunfa sobre la *philía*); no subraya sus resultados destructivos, como hacen los demás poetas. El repentino paso a un paralelismo con una situación personal, remitiendo al recuerdo de la persona amada, Anactoria, refuerza definitivamente la opción por los valores afectivos por encima de los militares, expresada al principio del poema.

Muchos fragmentos presentan un esquema triangular. El amor no es solo una emoción individual, sino que «circula» entre Safo y sus compañeras: por ello Atis se nombra como amada por la poeta y por otra joven. Pero el ejemplo más patente de triángulo amoroso se encuentra en el controvertido fragmento 31 —junto con la oda a Afrodita el más difundido y comentado de la autora—, de la excelencia literaria del cual nos habla el tratado *Sobre lo sublime* del siglo I d. C., el primero en transmitirlo. En un juego de miradas complejo, casi «cinematográfico», la inclusión inusual de un protagonista masculino complica la situación erótica. Algunos comentaristas creen que su presencia implica que el poema es un canto de boda, algo poco probable; o bien, no hace más que acentuar los celos de Safo. Pero el elogio «igual a los dioses», de tono homérico, a la vez que una expresión de admiración puede ser una forma de contrastar su felicidad impasible con los desgarrados sentimientos de la persona que habla en el poema. De hecho, su presencia y la de la mujer amada se borran y pasa a primer plano la descripción de los síntomas físicos en gradación creciente que su visión provoca, se ha discutido si a causa de los celos o simplemente de la fuerza del amor, aunque probablemente ambos se hallan implicados. Las diversas lecturas que pueden hacerse del fragmento quizá corresponden a una ambigüedad consciente de la autora, que parece aproximarse a la concepción moderna de un deseo más allá de la diferencia, de las categorías masculino-femenino. Aparte de ello, lo que parece una reacción femenina incontrolada es en realidad una perfecta muestra de habilidad estilística, uniendo emoción y dominio de los recursos estéticos. El poema está incompleto; el final sugiere una vuelta a la calma quizá a través del mito, como en otros versos conservados.

El fragmento 48 reproduce un esquema binario en que Safo identifica deseo con calor, y el frío es el elemento positivo que disuelve la oposición entre ausencia y presencia. Otros, también muy breves, contienen una expresión emocional concentrada en muy pocas palabras que son ya suficientes para trazar una definición del amor en que se unen lo tradicional y lo personal. Así, en el 130, a la vez que aplica a Eros un epíteto presente en Hesíodo y otros poetas (*lusiméles*, 'el que afloja los miembros'), lo identifica con una suerte de reptil que se arrastra silencioso hasta su víctima, y funde en un solo adjetivo *(glukúpikron)* los aspectos contradictorios de dulzura y amargor. Y en el fragmento 47 identifica al dios del amor con un impetuoso viento, como una fuerza más de la naturaleza.

Todas estas expresiones que consideramos propias de una lírica personal al estilo de los poetas modernos, en el momento de su composición se destinaban a un auditorio, seguramente para que pudiera identificarse con aquellos sentimientos y en cierto modo sirviera de ejemplo. Según eso, es difícil determinar el contexto público o privado de estos cantos, y más cuando dejan entrever ecos de la poesía popular. Por ejemplo, el fragmento 102 va ligado a una tradición femenina de cantos de telar; una joven se queja a su madre, sorprendida por la acción debilitadora del amor en el paso de la infancia a la experiencia erótica. Otros versos de carácter semejante (frag. 168 b), en que una mujer lamenta la soledad de su lecho mientras pasan las horas, aún se discute si son obra de Safo o pertenecen a la lírica popular anónima. Los fragmentos 121 y 137, considerados muchas veces autobiográficos, seguramente reproducían también una situación imaginaria procedente de la tradición. La misma interacción entre lo popular y lo culto, lo público y lo personal, se observa en los epitalamios.

4. Virginidad y matrimonio

Los epitalamios eran propiamente cantos que se entonaban en la puerta de los recién casados, aunque se aplica el nombre también a los que acompañaban diversos momentos de la ceremonia de la boda: grupos de jóvenes y doncellas (como parecen indicar los frags. 27 y 30) acompañaban en procesión, por separado, al novio y a la novia, los elogiaban (como en los frags. 112 y 113) y dialogaban entre sí dirigiéndose alegres improperios. En la parte central de la ceremonia se recibía a la novia en casa del esposo, momento que parecen reflejar los fragmentos 110 y 111, compuestos en un lenguaje popular y más bien cómico, resaltando en tono desmesurado la entrada del novio en la cámara nupcial, que es defendida por un gigantesco portero mítico o burlesco. Otras canciones eran de alborada, para despertar a los esposos (quizá el frag. 30).

Por los cantos de boda de Safo se intuye que el matrimonio significa el cambio de un entorno femenino placentero, semejante al de la infancia, por la entrada en un mundo adulto y heterosexual; los sentimientos que ello provoca son ambivalentes, de alegría de la muchacha por conseguir un estatus aprobado socialmente y de nostalgia por lo que deja atrás. En el fragmento 104 a se evoca esta transición con una metáfora que indica una secuencia repetida de pérdida y retorno. La virginidad previa al matrimonio es condición para que una joven sea deseable; en ello parece insistir el tono de los poemas, en especial el 105 a, que tal vez contrasta la inaccesibilidad de una muchacha, con la entrega irreflexiva de otra en el 105 c, en el cual irrumpe un elemento de brutalidad. En ambos casos, es patente la fuerza de unos símbolos femeninos (manzana, flor) procedentes del mundo natural. Otros fragmentos ritualizan en forma de diálogo la tristeza por la pérdida de la virginidad (107 y 114).

Las escenas nupciales a veces se expanden con relatos procedentes del mito, según indicios en el fragmento 141 y, sobre todo, en el 44, cuyo tema es la boda de Héctor y Andrómaca, conocidos personajes de la *Ilíada*. Se duda de si realmente se trata de un epitalamio —destinado a una ceremonia solemne—; en todo caso, es atípico, tanto por su extensión narrativa como por el metro dactílico y el tono homérico del vocabulario. Puede ser más bien una recreación poética de un tema épico, de un pasaje perteneciente a la cultura pública interpretado desde una perspectiva privada y personal, ya que se centra en el momento de expectación por la llegada de los novios, la descripción de los regalos de boda, la importancia del canto y de unos ritos que apelan a los sentidos. Tal vez se intenta subrayar la belleza de un momento feliz en la vida de una pareja que el público sabe desgraciada, ya que Héctor, jefe del ejército troyano, morirá en la guerra y su esposa se convertirá en esclava.

5. Belleza y mundo natural

En el mundo griego, la canción busca producir un efecto bello, y en el caso de Safo implica una respuesta cultural a la hermosura humana o de la naturaleza. Y ello no pretende ser un adorno superficial, sino que tiene implicaciones éticas (frag. 50). El elogio de la belleza es un paso que conduce al amor (frag. 22 b). Los matices de la indumentaria y la ornamentación parecen ser importantes en el círculo sáfico y tema frecuente en los cantos, con una repercusión social como signo de distinción (frag. 57) y también seguramente política, como hemos visto en el fragmento 98 a, en que se habla de una transmisión «matriarcal» de consejos sobre el adorno del cabello, con una crítica implícita a la prohibición que había hecho Pítaco de importar objetos lujosos de Lidia (98 b).

Todas estas descripciones de ornamentos, vestidos, perfumes, etcétera, remiten a un universo tradicionalmente femenino; pero no deberíamos quedarnos con la idea de que los poemas de Safo son propios de señoritas ociosas. Cultivar el atractivo en la mujer no era algo gratuito, sino que en su tiempo tenía una connotación religiosa y cultural, como signo de la presencia de las Gracias (frag. 53) y de Afrodita. El trenzado de coronas y el uso de aceites perfumados tenían un carácter ritual, que también podía formar parte de las celebraciones masculinas y de la iniciación de los jóvenes. Así, el uso de adornos florales (frags. 81 y 94) parece indicar la entrada de una muchacha en la madurez sexual (por el contrario, el 122 puede presuponer que no estaba bien visto que una niña inmadura cogiera flores). La expresión sáfica en la descripción de la belleza es particularmente sensual, ya que implica vista, oído, tacto y olfato en la mención de piel, voces, perfumes, incienso... Un amor por todo lo que es bello y delicado, sintetizado en la palabra griega *habrosyne*, puede compensar de la decadencia física; es lo que parece sugerir el fragmento 58 d, en que la poeta relaciona la luz del sol con la percepción de la belleza y, tal vez, con la perdurabilidad de la poesía.

Y es que en Safo la naturaleza aparece estrechamente ligada al mundo humano en un sincretismo poético. Un gran número de fenómenos celestes y naturales re-

miten al mundo femenino: en primer lugar, la luna, es-
pectadora de rituales nocturnos (frag. 154) y punto de
comparación con el esplendor de una joven (así suele
interpretarse el fragmento 34, que puede relacionarse
en este aspecto con el 96). La aurora aparece personi-
ficada como Eos, divinidad con aspectos maternales,
pero también activa en amor, como recuerda su rapto
de Titono en el fragmento 58 c. El rocío, el agua, lo hú-
medo, indican fecundidad (frags. 2, 95, 96), fruto de la
cual son las más variadas especies de flores que se nom-
bran en los poemas y que adquieren distintos valores
simbólicos, principalmente relacionados con la belleza
femenina y el erotismo, pero también asociados al repo-
so total que supone la muerte. Las condiciones climáti-
cas son atemperadas por las emociones de los humanos,
más que por las variaciones atmosféricas: en contraste
con la sensación de calma que transmiten paisajes como
el del fragmento 2, el viento que agita las encinas nos re-
mite a la agitación amorosa (frag. 47). Los animales más
frecuentes son los pájaros, que pertenecen al entorno de
Afrodita, como también las palomas; los caballos pastan
en libertad (frag. 2), cosa que los convierte en símbolo
erótico a diferencia de los que se usan en la guerra.

6. La memoria

Los cantos sáficos de tema amoroso transmiten la sen-
sación de que la ausencia es uno de los aspectos «dul-

ceamargos» consustanciales al deseo erótico (la poeta usa al respecto la palabra *póthos*, que significa a la vez deseo y añoranza). Pero existe una compensación a través de la memoria, la cual crea una eternidad poética que desafía las categorías temporales.

Además de la mención de la ausente Anactoria del poema 16, hay dos fragmentos destacados que hablan de separación y recuerdo: el 94 y el 96. En ambos se trata de la marcha de una joven que antes participaba en el círculo; hay que tener en cuenta que muchas de ellas procedían de otros lugares diferentes de Lesbos, y también que los enlaces matrimoniales entre familias de la aristocracia, por motivos sociales o políticos, implicaban el desplazamiento de la mujer a veces bastante lejos de su entorno de soltera. El fragmento 94 adopta la forma de diálogo entre Safo y la joven que se despide de ella con gran tristeza. La enumeración de las actividades que han llevado a cabo en común, de los placeres y el amor compartido quiere formar en la memoria una continuidad afectiva intemporal más allá de la separación. El papel vital, restaurador, de la memoria, el sentido de mutualidad en la comunidad y los intercambios entre participantes pasadas y presentes se plasman también en el fragmento 96, en que el rol de la cantora es de consuelo expresado en un triángulo entre ella, la amada y otra amante. El tono general es de tristeza; a la joven ausente, su elevado estatus de casada no le compensa de la ausencia de su compañera. Tal vez el final, incompleto, introducía, como en el poema anterior, un elemento de consolación por medio del ritual.

A veces Safo parece representar un estado intemporal en una secuencia cíclica semejante a la de la luna. De hecho, el tiempo en los poemas es cíclico, más que lineal, y se mide por una serie de rituales, cantos, uniones y desuniones, etapas de madurez femenina, etcétera. Pasado y presente pueden unirse, como en los fragmentos 49 y 94. La idea de la muerte es un motivo que refuerza la intensidad de los sentimientos (así en 31, 94, 95) y en la memoria halla su propia superación, ligada a la superioridad del quehacer poético: el fragmento 55 habla de la consecuencia de no participar en las «rosas de Pieria» —la mítica región de las Musas—, que es la caída en el olvido, y el 147 manifiesta la importancia de ser recordado.

7. La consciencia poética y otros pensamientos

Como en muchos otros líricos arcaicos, los versos de Safo subrayan una consciencia de la importancia de su obra. A veces se formula a través de la invocación a las Musas, como es habitual al iniciar el canto (así en los fragmentos 127 y 128). En esa época el autor siente su creación como propia, pero considera que no puede darle una forma acabada sin una intervención divina; por ello Safo ve en su poesía un honor especial que las Musas le han concedido (frag. 32), y su círculo parece tener una familiaridad especial con ellas (150). Ya hemos hablado del poder de superación de los límites temporales a través del recuerdo que este don posee. El fragmento 160 afirma la belleza del canto, dirigido a sus compañeras, en un contexto socio-poético competitivo: así el 106 reivindica la superioridad de los cantores lesbios, y en el 71 y otros se expresa rivalidad respecto a diferentes círculos femeninos.

Ya hemos mencionado el contenido didáctico de los poemas de Safo en el sentido de que dirigen normas de comportamiento a su auditorio, como todo poeta arcaico que se muestra como «maestro de verdad», en palabras de Detienne[5]. Pero las afirmaciones de tipo abstracto y conceptual son relativamente escasas, no sabemos si por un azar de la transmisión, o porque desde una perspectiva femenina prefiere apelar más a unas capacidades intuitivas. Aun así, hay muestras de pensamientos aforísticos (frags. 145, 146) y otros cuasifilosóficos paralelos a los que se expresan en la poesía masculina: el fragmento 50, que relaciona bondad y belleza; el 52, que parece una llamada a la moderación al estilo de las máximas délficas, o el 148, en que, tal como Solón en Atenas, la poeta advierte que la riqueza debe ir unida a la virtud. Otros pasajes parecen de un carácter más introspectivo, expresión de dudas (51), de un estado que podemos calificar de depresivo (63, 95) o del temperamento personal de la auto-

---

5. En *Los maestros de verdad en la Grecia arcaica*, trad. cast. Madrid, 1981.

ra (120), aunque por su brevedad no podamos extraer conclusiones definitivas. En conjunto, muestra una actitud idealista por su énfasis en la belleza, la bondad y el amor, en un claro contexto social aristocrático, como expresa también la norma de favorecer a los amigos y perjudicar a los enemigos (frag. 5), además de la insistencia en el honor (*timé*, en el mismo fragmento, ligado a las relaciones familiares, y en el 32, atribuido a la capacidad poética) y la burla de la chica rústica que no sabe vestir con elegancia (frag. 57). Ello no implica un desprecio por las clases o las expresiones populares, ya que en los epitalamios se llega a una verdadera identificación con ellas. El fragmento 137, un diálogo al estilo tradicional entre un hombre y una mujer anónimos —aunque ya Aristóteles lo atribuía a Alceo y Safo—, puede ser un buen compendio de los principios éticos de la poeta.

En el ambiente recluido y marginal de la cultura griega, las mujeres del círculo de Safo se representan como sujetos que hablan y quieren, que dejan sentir su voz a través del canto y de la creación poética. Sin apartarse de las convenciones de la poesía lírica de su época, la obra de Safo presenta características propias que la hacen diferente de las creaciones de los poetas masculinos. Pero para valorar esta obra, siempre corremos el riesgo de proyectar en ella unas categorías modernas; no debemos perder de vista que, por el carácter fragmentario de los textos y testimonios, Safo continúa siendo, como hemos subrayado al principio, una gran desconocida. Un rasgo característico de la poética sáfica es la adopción de puntos de vista múltiples en un solo poema. El desarrollo de una doble consciencia, la capacidad de hablar un doble lenguaje, el de la esfera pública masculina y el privado de la minoría femenina es, según Winkler[6], intrínseco a la situación de la mujer griega. Por ello Safo, a la vez que reelabora escenas de la cultura pública infundiéndoles su perspectiva privada, habla públicamente de experiencias reservadas al mundo femenino del que los hombres están excluidos. En el dilema igualdad-especificidad que han planteado las autoras de línea feminista a través del tiempo, aparentemente la poeta se inclina por lo específico, ya que expresa un mundo hecho a la medida de la mujer. Pero estas jóvenes y adultas del círculo, preocupadas por su aspecto personal, rodeadas de flores y perfumes, son a la vez poetas, o al menos cantoras y aspirantes a poeta, cumpliendo la función propia de este dentro de su entorno social. Entonces podríamos decir que van más allá de la oposición igualdad-diferencia.

Recepción y tradición. La Safo inventada

Como hemos dicho, los gramáticos alejandrinos compilaron en libros la obra de Safo. Pero hasta el siglo XIX,

6. «Gardens of Nymphs: Public and Private in Sappho's Lyrics», en E. Greene (ed.), *Reading Sappho*, Berkeley 1996, 89-109.

lo único que pudo transmitirse de su legado fue por tradición indirecta, o sea, a través de las citas que hacían otros autores, casi siempre por motivos lingüísticos o métricos, no poéticos, y generalmente de forma muy breve. Hay que tener en cuenta que en época romana y, sobre todo, cristiana, los líricos griegos interesaban menos que los historiadores, los filósofos y otros autores de quienes podían extraerse lecciones morales. Por lo tanto, fueron copiados con menos frecuencia, aparte de que en el caso de Safo pudo haber actuado una censura moral que contribuyese a su pérdida.

A finales del siglo XIX se produjo el afortunado hallazgo de numerosos papiros antiguos en Egipto, que se habían conservado en la arena del desierto. Concretamente, los papiros de Oxirrinco permitieron recobrar una considerable cantidad de poemas de Safo, aunque en un estado muy fragmentario. A ello hay que añadir dos nuevas aportaciones ya en nuestro siglo: en 2004 se descubrió un papiro que contribuyó sustancialmente a la reconstrucción del fragmento 58, y en 2014, a través de otro, aparte de nuevas lecturas en algunos fragmentos como el 5, el 9, el 16 y el 17, se obtuvieron dos poemas antes desconocidos, que los eruditos titularon «Canción de los hermanos» (*Brothers' Song*, el n.º 10) y «Canción de Cipris» (*Kypris' Song*, el 26)[7]. Ahora bien, con el texto sáfico ha sucedido en

---

7. El libro *The Newest Sappho*, editado por Bierl y Lardionis (Leiden & Boston 2016), ofrece diversas propuestas de reconstrucción e interpretación de los nuevos hallazgos.

cierto modo lo mismo que con su biografía: los datos objetivos son escasos y han debido suplirse mediante conjeturas diversas que aún son materia de discusión entre los filólogos.

Ya en el mundo griego, Safo gozó de gran prestigio por la calidad de su obra poética, que no dejó de interpretarse en recitales y banquetes. La comedia la hizo protagonista, cosa que no hacía más que confirmar su popularidad. Platón la menciona en el *Fedro* (235 b-c) como maestra de amor y Aristóteles recuerda cómo la honraron sus contemporáneos «a pesar de ser mujer» (*Retórica* 1398 b. 12). Su imagen se representaba en cerámicas y estatuas, y figuró mucho tiempo sobre las monedas de Lesbos. La *Antología palatina*, colección de epigramas de época helenística y romana, aparte de atribuirle algunos de ellos —aunque muy probablemente posteriores—, alude a ella en una pieza de Antípatro de Tesalónica junto a otras ocho mujeres poetas, formando un coro paralelo al de las nueve Musas. También Dioscórides habla de las «hijas inmortales» de Safo, asimilando creación artística y maternidad. Otro epigrama, atribuido a Platón, la consagra como «décima Musa», idealización que acaba por convertirse en tópica.

Diversos autores latinos, como Plauto, Estacio, Juvenal y Valerio Audito, se muestran familiarizados con sus poemas. Catulo reelaboró, además de un epitalamio, el fragmento 31 en el poema que comienza *Ille mi par esse deo videtur*; Horacio adaptó al latín la estrofa sáfica y acuñó (en *Epístolas* 1, 19, 28) el epíteto de *mascula Sappho*, probablemente equiparando la calidad de su obra con la de los poetas masculinos. Pero es Ovidio quien consagra definitivamente su fama y quizá su difamación, con el eco de la leyenda de Faón en la carta XV de las *Heroidas*; de este modo inaugura una larga serie de versiones románticas sobre la vida de la autora que llegan hasta la actualidad. A partir de aquí se hallan testimonios malintencionados sobre su vida sexual: así, según Séneca, el tratado de Didimo (I a. C.) discutía si ella era una mujer pública, y un epigrama de Marcial (10, 35) transmite la «mala fama» de las mujeres de Lesbos. Claudio Eliano adopta la solución salomónica de «las dos Safos» de que hemos hablado, para limpiar el nombre de la poeta.

En la Antigüedad tardía, a pesar de la decadencia del interés por la poesía lírica, había pergaminos de los siglos VI y VII d. C. con poemas de Safo, lo cual prueba que en aquella época aún se conservaba su obra. Pero la Edad Media supuso su caída en el olvido, de tal manera que, en el Renacimiento, prácticamente solo se conocían la oda a Afrodita y el fragmento 31 (que habían transmitido Dionisio de Halicarnaso y el Pseudo-Longino, respectivamente). A partir del siglo XVI, fue fundamental la aportación francesa a la difusión de la obra de Safo en la literatura europea, además de la popularización de su figura como personaje literario, en una recreación continua de su imagen.

La primera inclusión en una edición moderna de una pieza sáfica es la de Henri Estienne, que en 1554 añadió al texto en griego y latín de Anacreonte, el texto griego de la oda a Afrodita; en una segunda edición (1556) y en otras sucesivas incluyó una versión latina, además de versos citados en diferentes testimonios. Las traducciones de la época hacen masculino el objeto de deseo, de forma que la primera visión moderna de Safo es la de poeta de la pasión femenina infeliz por un hombre. En la edición de 1554, Estienne incluía también el fragmento 31 en griego junto a la reinterpretación latina que hizo Catulo; la versión de este es la primera en que la descripción de los síntomas amorosos se atribuye a un narrador enamorado de una mujer, al cual se supone celoso de otro hombre. Ello fue imitado por sucesivas recreaciones del fragmento, como la de Ronsard, que incluso elimina al rival y se pone en el lugar que este ocupaba (*je suis un demi-dieu quand assis vis a vis / de toi, mon cher souci…*). Durante el siglo XVI francés, la única poesía directamente inspirada por Safo sin mediación de Catulo es obra de una mujer, Louise Labé, que en el inicio de su colección poética de 1555 apela a la complicidad femenina en la expresión de un amor no correspondido.

En ese mismo siglo encontramos en Inglaterra una de las primeras elaboraciones modernas de la leyenda transmitida por Ovidio, en la comedia *Sapho and Phao* (1584) del escritor de época isabelina John Lyly. Como corresponde al género de la obra, su final es feliz: la poeta se cura en el salto de Léucade del amor por el joven, quien queda enamorado de ella.

Pero en la tradición general, la influencia ovidiana se traduce en ficciones de un amor desgraciado. Así sucede en la novela francesa del siglo XVII. Es una época de gran auge de la literatura femenina, en que las autoras hablan de su deseo libremente, pero a la vez, de la dificultad de escapar a las ideas preconcebidas sobre la mujer. Como ya hacían las poetas de la Antigüedad, las escritoras de la época moderna acuden a Safo como predecesora y voz que las autoriza. Así, entre 1641 y 1661 las novelas de Madeleine de Scudéry supusieron un replanteamiento del punto de vista de la ficción en prosa. En el volumen final de la novela *Artamène* aparece Safo como personaje, en quien la autora proyecta su problemática, presentando su obra como un intercambio entre mujeres e imprimiendo una inflexión al argumento que podríamos calificar de feminista, ya que la protagonista busca una relación en plano de igualdad con el hombre. En teatro, la *Phèdre* de Racine (1677) recrea el fragmento 31 para expresar su pasión.

Paralelamente a la ficción se crea en Francia una «biografía» de Safo, como la que aparece en el *Abrégé des vies des poètes grecs* de Tanneguy Le Fèvre (1664), en que se comenta que ella buscaba amantes femeninas. Pero más difusión alcanzó la edición hecha por su hija Anne, conocida como Madame Dacier, *Les poésies d'Anacréon et de Sappho* (1681), que en la «Vida» introductoria la presenta como heterosexual y manipula fragmentos procedentes de los antiguos.

En otros países también se extendió el prestigio de la poeta; en Inglaterra, John Donne (1572-1631) escribió una *Sappho's Epistle* de influencia ovidiana. Posteriormente, escritoras en inglés, tanto de los siglos XVII y XVIII (Katherine Philips, Aphra Behn, Felicia Hemans, Mary Robinson) como de la época romántica (Laetitia Landon «L. E. L.», Emily Dickinson, Christina Rossetti, Mary Coleridge), recurren al ejemplo sáfico, no solo en el plano literario, sino en las relaciones apasionadas que establecen con sus amigas.

Durante el siglo XVIII la erudición sobre la obra de Safo la dominan los filólogos alemanes, quienes reconstruyen y ordenan sus fragmentos; en 1733 Christian Wolff publicó la primera edición consagrada únicamente a ella. Por otra parte, en Francia aparecieron diversas traducciones, ya no bilingües sino en francés, con remodelaciones estilísticas, que se hicieron muy populares. En la ficción disminuye la influencia de Ovidio y se resucitan noticias antiguas que la relacionaban con poetas como Alceo, Estesícoro y Anacreonte. De ello es ilustrativa *L'histoire et les amours de Sapho de Mytilène*, de Jean Du Castre d'Auvigny (1724). Aparte de ello, Safo aparece en la novela francesa de mayor influencia en ese siglo, *Voyage du jeune Anacharsis en Grèce* (1788), obra del abate Barthélemy que une una cuidada documentación con fabulaciones infundadas. La novela sucesora de esta, *Voyages d'Anténor en Grèce et en Asie* (1797), de Etienne Lantier, cuenta retrospectivamente la vida de la poeta partiendo de un supuesto manuscrito que ha dejado. Otras ficciones destacan menos por su valor literario que por las fantasiosas anécdotas que introducen, como por ejemplo la *Lettre de Sapho à Phaon* (Blin de Sainmore, 1766) y *Le Parnasse des Dames* (Billardon de Sauvigny, 1773). En torno a la Revolución francesa, la novelística se centra más bien en atribuir a Safo un papel en la vida política de su tiempo, ya sea como partidaria de la reacción o como revolucionaria. Hay que citar aquí la obra de Germaine de Staël (1766-1817), otra escritora que identifica su trayectoria personal con la de Safo, introduciendo unos rasgos de reivindicación femenina; la figura de la poeta inspira sus dos novelas más famosas, *Delphine y Corinne*, bajo el lema del «amor a la libertad», además de la tragedia *Sapho* (1811).

En el umbral del siglo XIX, Lord Byron en inglés escribió una oda a las islas griegas en la que evoca a Safo, y el italiano Giacomo Leopardi la presenta entonando un canto de despedida a la naturaleza y a las esperanzas perdidas (en el poema «Ultimo canto di Saffo», 1824). También en Italia, había sido muy popular la novela de Alessandro Verri, *Avventure di Saffo* (1780); esta narración y otras sucesivas dan relieve al personaje de Faón como prototipo de belleza masculina y causa de suicidio. A lo largo del siglo XIX la figura de la autora va ligada simultáneamente a la filología y al nacionalismo, además de reflejar dos concepciones totalmente opuestas que evolucionan paralelamente:

la de virgen, defendida por la filología alemana, y la de prostituta, propia de la literatura francesa.

El primer tratado germánico que presenta la «espiritualidad» de Safo es el de Friedrich G. Welcker (1816), con el significativo título *Sappho von einem herrschenden Vorurteil befreyt*, «Safo liberada de un prejuicio dominante», del cual no llega a hablar directamente, pero se refiere a su relación con las mujeres. Karl Otfried Müller, muy influyente por sus síntesis sobre la cultura griega, utiliza argumentos paralelos en sus estudios sobre la pederastia y sobre la poeta, a la cual presenta como una casta maestra de escuela (1841). De manera semejante, ya a principios del siglo XX, Paul Brandt dedica a Safo un estudio de 1905 defendiendo la inocencia de sus relaciones, además de publicar obras sobre la vida sexual en la antigua Grecia (1925-1928) bajo el pseudónimo de Hans Licht. El punto culminante en la representación filológica de la autora entre los siglos XIX y XX es el libro de Ulrich von Wilamowitz-Moellendorff, *Sappho und Simonides* (1913), en que defiende su castidad, su heterosexualidad, y consagra su papel de maestra en un «pensionado de señoritas». Herencia de esta corriente, ya a mediados del siglo XX, es el libro de Wolfgang Schadewaldt (1950), que la traducción castellana titula significativamente *Safo. Mundo y poesía, existencia en el amor*, y en el que se subraya la pureza casi religiosa de sus sentimientos. Aparte de esta tradición filológica, la difundida obra sobre el matriarcado de Bachofen, *Mutterrecht und Urreli-*

gion (1861), interpreta la musa sáfica como prehelénica y anticlásica, continuadora de antiguos cultos matriarcales y con lazos con los pitagóricos. Así, la poeta deviene profeta de la mística femenina.

En Inglaterra, John Addington Symonds en sus *Studies of the Greek Poets* (1873), ve un componente místico en el amor sáfico, pero sin negar su sensualidad; concluye acertadamente que es difícil evaluar la importancia de la homosexualidad femenina en la Antigüedad porque, a diferencia de la masculina, nunca tuvo repercusión social. La teoría de la castidad la siguen otros estudiosos ingleses como John M. Edmonds y David Robinson, el cual hace el curioso razonamiento de que la perfección métrica y el amor por las flores del campo son incompatibles con una mujer «depravada». En torno a esa época los descubrimientos de los papiros hacen que las primeras ediciones inglesas del siglo XX contengan aproximadamente 200 fragmentos, casi como las actuales, superando la del alemán Bergk *Poetae Lyrici Graeci* (1843), fundamental hasta entonces.

En Francia aparece una contrapartida a la teoría de la castidad ya en 1822, a partir de una obra de Allier de Hauteroche que resucita la supuesta noticia de las dos Safos. Una ficción de Émile Deschanel, *Sappho et les lesbiennes* (1847), va más allá y afirma que ambas eran cortesanas, ya que en Grecia solo ellas podían dedicarse a la música, la literatura o la filosofía, y su amor por las mujeres no podía distinguir entre ideal y sensualidad, en un intento de situar una figura antigua en su contexto histórico. Por otra parte, tanto la filología como los estudios biográficos van abandonando prejuicios morales y aportan interpretaciones críticas sobre la vida y obra de Safo totalmente modernas. Y es que a lo largo del siglo XIX erudición y ficción van ocupando territorios separados, aunque en la tradición teatral y poética se refleja la teoría de la «pureza virginal» durante 50 años; el libreto de Augier para la ópera de Gounod es ilustrativo de ello. Ahora bien, las obras de creación literaria más difundidas procedentes de Francia van en un sentido muy diferente. Podemos citar como ejemplo la novela *Sapho* de Alphonse Daudet (1884), en que el nombre de la poeta se convierte en el apodo de la cortesana protagonista.

A partir de la segunda mitad del siglo XIX, Safo llega a ser un fenómeno literario y estético en cuya figura se proyecta el escritor anticapitalista y decadente de la época. Así, Charles Baudelaire en el poema «Lesbos», recogido en *Les fleurs du mal* el 1857, hace de la lesbiana la heroína del modernismo —seguido en Inglaterra por Swinburne y Symonds—; otra pieza dedicada a las *femmes damnées*, «Delphine et Hippolyte», a la vez exalta y condena su pasión. Posteriormente, en *Les chansons de Bilitis* de Pierre Louÿs (1895), por primera vez aparece Safo ejerciendo una pedagogía erótica. El libro se presentaba como si fuera la traducción de versos de una antigua discípula suya, y alcanzó gran popularidad, inaugurando una serie de ficciones sáficas de carácter homoerótico. La primera fue *Cinq petits dialogues grecs* (1902), de Natalie Clifford Barney, que en 1897 se había hecho amiga de otra poeta, como ella, de habla inglesa que escribía en francés: Renée Vivien. En la traducción de Safo del 1903 que hizo esta última se negaba la existencia, no solo de Faón, sino del marido y la hija de ella. Vivien publicó además dos obras en prosa en 1904: *Une femme m'apparut* y *La dame à la louve*, en las cuales revisaba también su biografía. Junto con Barney decidieron crear un círculo femenino comparable al de Lesbos, en un culto al arte que sacrificaba la tradición y la familia; será el movimiento conocido como *Sappho 1900*.

De este modo, la figura de la poeta recibió una increíble difusión en las primeras décadas del siglo XX, con una mezcla de misticismo y militancia feminista homosexual, considerándola precursora de un lenguaje literario femenino. Resalta en esta línea la anglo-norteamericana Hilda Doolittle —más conocida por sus iniciales HD—, la cual adapta diferentes fragmentos sáficos para expresar sus inquietudes personales. La reacción en contra se expresa en una serie de novelas antilesbianas, como las de Fauré, Morel y Romilly, estas dos últimas influidas por las nuevas teorías psicológicas que suponían el origen de la homosexualidad en un trauma infantil. Por la misma época, los recientes descubrimientos de los papiros influyeron en la renovación de la poesía moderna: así, en el movimiento llamado *imagism* —del que HD es representante—, que valora la concisión expresiva y el poder de las imágenes; y también en la búsqueda de esencialidad de los poetas herméticos italianos. Es significativa la imitación de un fragmento sáfico que hizo Ezra Pound en tan solo cuatro palabras *(Spring...long ago...Gongyla)*. Otra pieza de la autora (104 a) es recordada en *The Waste Land* de T. S. Eliot (1922). Más adelante, el poema en prosa de Marguerite Yourcenar «Sappho ou le suicide» (1936) parece implicar el fin de ella como heroína del modernismo. Escritoras como Amy Lowell o Sylvia Plath dudan de la posibilidad de continuar su obra e incluso la toman como contraejemplo. Un escepticismo semejante reflejaba ya el relato de Virginia Woolf «A Society» (1921), que describe el fracaso de un círculo de mujeres cultas e independientes.

Después de la Primera Guerra Mundial, el predominio en la erudición pasa a Inglaterra, con ediciones fundamentales de Edmonds, Lobel y Bowra, además de las hasta hace poco definitivas de Lobel y Page, *Poetarum Lesbiorum Fragmenta*, y de Page, *Sappho and Alcaeus*, ambas del 1955. También las notas biográficas que hacen algunos de estos autores son plenamente modernas; Page advierte contra los prejuicios de tipo social y moral que distorsionan la interpretación de los textos, y Dover subraya el factor subjetivo al inclinarse por una u otra lectura. Pero, curiosamente, a partir de la mitad del siglo XX la ficción retoma el hilo del relato tradicional sobre Safo; así en la ambiciosa obra teatral de Lawrence Durrell, *Sappho. A Play in Verse* (1950) y en las novelas *No Man Sings* de Alexander Krislov (1956) y *Sappho* de Joachim Fernau (1986), las cuales insisten en la castidad de sus relaciones. En otra más reciente, *The Laughter of Afrodite*, de Peter Green (1993), se resucita el personaje de Faón como amor de madurez y velado motivo de suicidio, tema que también trata *Sappho's Leap* de Erica Jong (2003). En poesía, podemos citar, entre muchas otras, a las alemanas Oda Schaefer, Erika Burkart y Gabriele Eckart, además del ejemplo actual de la canadiense Anne Carson (n. 1950), quien además de traducir a Safo se inspira en ella en su obra. Durante la segunda mitad del siglo XX, se han sucedido estudios de distintas investigadoras que han aportado una perspectiva nueva sobre la autora, tratando de situarla en su contexto social y desmontando los mitos sobre su biografía, muchas veces en la línea de los estudios de género (citamos algunos de ellos en la Bibliografía).

En la literatura en castellano, la influencia directa de Safo no es frecuente, quizá por prejuicios morales, y la adaptación de la estrofa sáfica en el siglo XVIII se hace a través de Horacio. Sí que hay algunas traducciones de sus poemas en ese mismo siglo, las primeras en España de las que se tienen noticias, como la de Ignacio de Luzán, con versiones de los dos más conocidos (1 y 31), «A Afrodita» y «A la mujer amada» (1788), y las que figuran en las antologías de líricos griegos de José y Bernabé de Canga-Argüelles y de José A. Conde (ambas de 1797). Hay que recordar también una tragedia de María Rosa Gálvez (1768-1806), *Safo. Drama trágico en un acto*. El estreno en 1840 de la ópera *Saffo* de Giovanni Pacini en Madrid contribuyó a popularizar la figura de la poeta durante el Romanticismo, aunque predomina su leyenda más que su realidad. Destacan en este momento escritoras que, como muchas otras anteriores, la toman como referente literario femenino. En primer lugar, la hispano-cubana Gertrudis Gómez de Avellaneda (1814-1873), que en su «Soneto imitando una obra de Safo» adapta el fragmento 31 sin especificar el género de la persona amada y centrándose en los efectos del sentimiento. En un poema de Rogelia León (1828-1870) se da voz a la propia poeta, que se lamenta de que los hombres prefieren la belleza a la inteligencia. También en otros dos poemas (1857) de la maestra granadina Eduarda Moreno se refleja la desesperación de Safo por su amor no correspondido. Carolina Coronado (1823-1911), además de recuperar su memoria en sus «Cantos de Safo», en el ensayo *Los genios gemelos. Paralelo de Safo y Santa Teresa de Jesús*, se sirve de ambas figuras para demostrar la existencia de una tradición literaria obra de mujeres. Una comparación ciertamente audaz para la época, por lo que al parecer los ejemplares del libro fueron quemados posteriormente.

Ya en 1845, los poemas de Ramón de Campoamor señalan el declive del Romanticismo; prueba de ello es su escéptica reflexión sobre los efectos del amor en una de sus *Doloras*, en que menciona a Safo. En la segunda mitad del siglo XIX los comentarios sobre ella tratan de acercarse a la verdad histórica, sin que deje de ser protagonista en la ficción. Por su singularidad debemos citar el monólogo *Safo* de Víctor Balaguer, escrito primero en catalán y traducido al castellano en sus *Nuevas tragedias* (1870). En él, en un erotismo bastante explícito, se muestra a la poeta enamorada de Faón y arrepentida por su conducta bisexual desenfrenada. Balaguer fue atacado en la década posterior por Fernández Merino, quien en *Safo ante la crítica moderna* trata de denunciar las falsedades sobre su biografía, con un enfoque positivista. También Emilio Castelar en *Galería histórica de mujeres célebres* (1886) reivindica su imagen. Una imagen que, a nivel general, oscila entre la admiración por su obra y una cierta incomodidad por los detalles de su vida privada. En cuanto a traducciones, pueden destacarse la de dos odas hecha por Marcelino Menéndez Pelayo —que también la recuerda en sus poemas originales—, además de la de José del Castillo (1852). Ya a lo largo del siglo XX se fue avanzando en la interpretación de su figura bajo un punto de vista más científico. Destacaríamos el estudio de Manuel Fernández Galiano, *Safo* (1958), en el cual intenta justificar su homosexualidad en algunas experiencias traumáticas. Y más aún debemos mencionar, por la actualidad de sus planteamientos, la biografía-resumen publicada por Ana Iriarte (1997). Se han sucedido diversas traducciones (algunas de las cuales citamos en la Bibliografía), comenzando por la de Manuel Rabanal (*Safo. Odas y fragmentos*, 1944), y sobre todo, a partir de la memorable antología de Juan Ferraté *Líricos griegos arcaicos* (1968), en que figuran prácticamente todos los fragmentos sáficos conocidos hasta entonces. También la poeta ha sido motivo de creación literaria principalmente femenina, desde la pieza «Saffo» de Josefa Ugarte Barrientos (publicada póstumamente en 1904) o sonetos de la cubana Mercedes Matamoros (1851-1906) y de Mercedes de Velilla (1852-1918) a algunos ecos en la poesía de Carmen Martín Gaite, Clara Janés y Alfonsina Storni, sin olvidar el ejemplo reciente de Aurora Luque, excelente traductora de Safo y poeta.

Safo como heroína de ficción ha inspirado, no solo la literatura, sino también el arte y la música[8], y de seguro seguirá haciéndolo. Pero en el plano científico ha llegado la hora de abandonar las especulaciones biográficas y centrarse en los textos, en un enfoque pragmático. Aun así, su estado fragmentario suscita controversia, y quizá es inevitable que la subjetividad se infiltre en las interpretaciones que de ellos puedan hacerse. Por lo tanto, aunque cada época haya creído descubrir «su verdad», Safo no deja de ser todavía un sugestivo enigma irresoluble.

---

8. En el libro de Neri y Cinti, *Saffo. Poesie, frammenti e testimonianze* (2020), se incluye una amplia panorámica de este aspecto.

Notas sobre la traducción

La presente traducción se basa en la edición de Voigt de 1971, aunque, en el caso de algunas conjeturas, he acudido, para los nuevos hallazgos papiráceos, a las ediciones de Obbink y de Neri, además de las de Creus y Pórtulas (todas ellas citadas en la Bibliografía). He buscado ajustarme al máximo al original, respetando, cuando era posible, el orden de los versos. Por esta razón no he hecho una versión rítmica, pero he dejado fluir las frases con una cierta armonía, evitando tanto la rigidez como el prosaísmo. Prácticamente nunca nos queda un poema completo; cuando faltan palabras o versos, lo indicamos con puntos suspensivos; entre paréntesis van palabras o expresiones que pueden deducirse de modo plausible. Sin afán de exhaustividad, se incluyen todos los fragmentos con un mínimo sentido. Ahora bien, los hay realmente breves cuyo contexto queda en suspenso, pero los aportamos por su interés: se trata de poesía, y basta dejarnos llevar por la fuerza de la evocación.

Agradezco a Javier Setó, Raúl Quintana y Alianza Editorial la oportunidad que me ofrecen de realizar mi pequeño tributo a esta larga cadena de admiración por la figura de Safo y de estudio de su obra.

Bibliografía

Ediciones, bilingües y traducciones

BERNABÉ, Alberto y Helena Rodríguez Somolinos (trads.), *Poetisas griegas*, Madrid, Ediciones Clásicas, 1994.

CAMPBELL, David A. (ed. y trad.), *Greek Lyric Poetry. Vol. I: Sappho and Alcaeus*, Harvard University Press, Loeb Classical Library, 1982.

CREUS, Eloi (ed. y trad.), *Safo de Lesbos. I desitjo i cremo*, Barcelona, Proa, 2022.

FERRATÉ, Juan (ed. y trad.), *Líricos griegos arcaicos*, Barcelona, Seix Barral, 1968.

GARCÍA GUAL, Carlos (trad.), *Antología de la poesía lírica griega*, Madrid, Alianza Editorial, 1980.

INGBERG, Pablo (ed., trad. y com.), *Safo. Antología*, Buenos Aires, Losada, 2003.

LOBEL, Edgar y Denys Page (eds.), *Poetarum Lesbiorum Fragmenta*, Oxford University Press, 1955, reimpr. 1963.

LUQUE, Aurora (ed. y trad.), *Safo. Poemas y testimonios*, Barcelona, Acantilado, 2004.

MACÍAS, Juan Manuel (ed. y trad.), *Safo. Poesías*, Madrid, La Oficina de Arte, 2017.

NERI, Camillo y Federico Cinti (ed., trad. y com.), *Saffo. Poesie, frammenti e testimonianze*, Santarcangelo di Romagna, Rusconi Libri, 2020.

OBBINK, Dirk (ed. y trad.), «The Newest Sappho: Text, Apparatus Criticus, and Translation», en *The Newest Sappho: P. Sapph. Obbink and P. GC Inv. 105, Frs. 1-4: Studies in Archaic and Classical Greek Song, Vol. 2*, edited by Anton Bierl and André Lardinois, 13-33, Brill, 2016.

PAGE, Denys (ed.), *Lyrica Graeca Selecta*, Oxford University Press, 1968. 5.ª reimpr. 1984.

PÒRTULAS, Jaume (ed. y trad.), «Safo "nova" i "novíssima"», *Reduccions,* 110/111 (2018), 70-95.

RODRÍGUEZ ADRADOS, Francisco (trad.), *Lírica griega arcaica. Poemas corales y monódicos*, Madrid, Gredos, 1980.

RODRÍGUEZ TOBAL, Juan Manuel (ed. y trad.), *Safo. Poemas y fragmentos*, Madrid, Hiperión, 2022.

VOIGT, Eva M. (ed.), *Sappho et Alcaeus*. Fragmenta, Ámsterdam, Polak & van Gennep, 1963, reimpr. 1971.

Estudios literarios

BARRERO PÉREZ, Óscar, «Imágenes de Safo en la literatura española (I). El siglo XVIII», *Dieciocho*, 28 (2), 101-117.

—, «Imágenes de Safo en la Literatura Española (II). El Romanticismo», *Cuadernos de Ilustración y Romanticismo* 12, 61-75.

—, «Imágenes de Safo en la literatura española (III). La segunda mitad del siglo XIX», *Dicenda. Cuadernos de Filología hispánica* 25 (2007), 5-14.

BIERL, Anton y André Lardinois (eds.), *The Newest Sappho: P. Sapph. Obbink and P. GC inv. 105, frs. 1-4.* Mnemosyne Supplements 392, Leiden & Boston, Brill, 2016.

BOWRA, Cecil M., *Greek Lyric Poetry*, 2.ª ed. Oxford, Clarendon Press, 1962.

CALAME, Claude, *Les choeurs de jeunes filles en Grèce archaïque*, 2 vols., París, Les Belles Lettres, 2.ª ed. 2019.

DE JEAN, Joan, *Fictions of Sappho (1546-1937)*, University of Chicago Press, 1989.

GARCÍA GUAL, Carlos, «El último poema de Safo», *Letras Libres*, 58, 2006, 43-45.

GENTILI, Bruno, *Poesía y público en la Grecia antigua*, trad. cast. Barcelona, Acantilado, 1996.

GONZÁLEZ DELGADO, Ramiro, «Nuevas traducciones decimonónicas de Safo en castellano», *Sendebar*, 33, 184-200.

GREENE, Ellen (ed.), *Reading Sappho: Contemporary Approaches*, Berkeley, University of California Press, 1996.

—, *Re-reading Sappho. Reception and Transmission*, Berkeley, University of California Press, 1996.

HATHERLY WILSON, Lyn, *Sappho's Sweetbitter Songs*, Londres, Routledge, 1996.

IRIARTE, Ana, *Safo*, Madrid, Ediciones del Orto, 1997.

LÓPEZ, Aurora, «Safo como referente en las poetas hispanas de los siglos XIX y XX», *Florentia Iliberritana*, 8, 1997, 221-241.

LUQUE, Aurora, «La retraducción de los clásicos. El caso de Safo», en Francisco Ruiz Noguera y Juan Jesús Zaro (eds.), *Retraducir: una nueva mirada. La retraducción de textos literarios y audiovisuales*, Málaga, Miguel Gómez Ediciones, 2007.

Lirica Greca e Latina, Atti del Convegno di Studi Polacco-Italiano, Roma, 1990.

RODRÍGUEZ ADRADOS, Francisco, *Orígenes de la lírica griega*, Madrid, Revista de Occidente, 1976.

—, *El mundo de la lírica griega antigua*, Madrid, Alianza Editorial, 1981.

—, «Monodia», en *Historia de la literatura griega*, de J. A. López Férez (ed.), Madrid, Cátedra, 1988, 193-194.

SCHADEWALT, Wolfgang, *Safo*, trad. cast. Buenos Aires, Eudeba, 1950, reed. 1973.

SNYDER, Jane McIntosh, *The Woman and the Lyre. Woman Writers in Classical Greece and Rome*, Southern Illinois University Press, 1989.

WILLIAMSON, Margaret, *Sappho's Immortal Daughters*, Harvard University Press, 1998.

Otros estudios

BUDELMANN, Felix (ed.), *The Cambridge Companion to Greek Lyric*, Cambridge University Press, 2009.

CANTARELLA, Eva, *Según natura. La bisexualidad en el mundo antiguo*, trad. cast. Madrid, Akal, 1991.

FERNÁNDEZ GALIANO, Manuel, *Safo*, Madrid, Fundación Pastor, 1958.

—, (ed.) *El descubrimiento del amor en Grecia*, Madrid, Coloquio, 1985.

HIGHET, Gilbert, *La tradición clásica* I-II, trad. cast. México, Fondo de Cultura Económica, 1962.

LEFKOWITZ, Mary R., *The Lives of the Greek Poets*, Londres, Duckworth, 1981.

MARTOS MONTIEL, Juan F., *Desde Lesbos con amor. Homosexualidad femenina en la Antigüedad*, Madrid, Ediciones Clásicas, 1996.

MAZEL, Jacques, *Les métamorphoses d'Eros*, París, Presses de la Renaissance, 1984.

MURRAY, Oswyn, *Grecia arcaica*, trad. cast. Madrid, Taurus, 1981.

RODRÍGUEZ ADRADOS, Francisco, *Sociedad, amor y poesía en la Grecia antigua*, Madrid, Alianza Editorial,1995.

Cantos

Libro primero

1

Afrodita inmortal de colorido trono,
hija de Zeus que trenzas engaños, te suplico:
No atormentes mi alma con penas
y angustias, señora.

Ven aquí, si otra vez y en otro tiempo,
al oír mi voz de lejos
me escuchaste y, dejando la dorada
casa paterna, viniste,

ya uncido tu carruaje. Te llevaban, veloces,
bellos gorriones en torno de la negra tierra,
batiendo con fuerza las alas, desde el cielo,
a través del aire puro.

Pronto llegaron, y tú, ¡oh, dichosa!
con una sonrisa en tu rostro inmortal,
preguntabas qué me sucedía ahora, por qué
de nuevo te llamaba,

qué era lo que más quería alcanzar,
en mi alma enloquecida: «¿A quién convenzo
ahora a volver a tu amor? ¿Quién, Safo,
te hace daño?

Pues aun si huye, pronto perseguirá;
si no acepta regalos, los ofrecerá,
y si no siente amor, muy pronto amará,
aunque no quiera ella».

Ven a mí también ahora, y libérame
de esta dura ansiedad; cuanto mi alma anhela
que se cumpla, cúmplelo: sé tú misma
mi aliada en la lucha.

2

¡Ven aquí, de Creta a este templo sagrado,
donde hay un placentero bosque
de manzanos y altares humeantes
de incienso!

En él, agua fresca resuena entre las ramas
de los manzanos, sombrean las rosas
todo el lugar, y de las hojas que tiemblan
desciende un profundo sueño.

En él florece el prado criador de caballos
con primaverales flores, y las brisas
soplan dulcemente...

Ven tú, pues, Cipris[1], toma y vierte
con delicadeza, en doradas copas,
el néctar que entremezclas
con nuestras fiestas.

5

Soberanas Nereidas[2], concededme
que mi hermano llegue aquí sin daño,
y cuanto su alma anhela que suceda,
así se cumpla.

Que se vea libre de sus pasados errores
y se convierta en gozo para sus amigos;
para sus enemigos, daño, y que no haya ni uno
entre nosotros.

Que a su hermana quiera otorgarle
más honor, y libere de penosa angustia
a los que antes, doliéndose él mismo,
atormentaba...

1. Sobrenombre de Afrodita por el que se la invoca frecuentemente en poesía y significa «nacida en Chipre».
2. Ninfas del mar, hijas de Nereo, protectoras en la navegación. Se supone que este poema y los fragmentos 10 y 15 hablan de los viajes de Caraxo, hermano de Safo, que causó grandes disgustos a su familia (véase Introducción). El texto a partir del v. 11 es muy fragmentario, por lo que la traducción es necesariamente aproximada.

... por los reproches de los ciudadanos,
como nunca es de otro modo; no tardó mucho
(en comprenderlo),

y aún más, si conoce (cuánto vale)
la fama... Pero tú, Cipris augusta,
que infligiste un daño insoportable...

9

Nos invitan[3]...
¿No tienes, madre, todo aquello con que pueda
celebrar una espléndida
fiesta en su momento? Ésta es la alegría
de los efímeros mortales; y ojalá que yo pueda
ser feliz, mientras los dioses nos concedan
escuchar la voz de las cítaras...

10

... Siempre repites en tu charla que Caraxo vuelve
con la nave repleta. Eso, pienso yo, lo sabe Zeus
y también los dioses todos; tú no debes
calcularlo,

sino mandarme y encargarme que suplique,
insistente, a la soberana Hera[4],

3. Traducimos según la reconstrucción de West de un texto muy dañado.
4. La esposa de Zeus era invocada en Lesbos como protectora de navegantes.

que Caraxo llegue aquí guiando
indemne su nave

y nos encuentre sanos y salvos. Todo
lo demás, fiémoslo a los dioses,
pues tras una gran tempestad, pronto
viene la bonanza.

Aquellos a quien el rey del Olimpo
quiere que un dios proteja de fatigas,
son los bienaventurados
y llenos de dicha.

En cuanto a nosotros, si Lárico[5] alzara
la cabeza y se hiciera a su tiempo un hombre,
de muchos pesares, de verdad,
pronto nos libraríamos.

15

... Bienaventurada (diosa), ...
... una buena travesía...
y a los marineros, el viento (los conduzca),
con suerte propicia... del magnífico puerto...

5. Hermano menor de Safo, según la tradición. El poema, conocido como
«Canción de los hermanos», es uno de los descubiertos recientemente.

¡Cipris! Ojalá a ti también te halle muy amarga,
y que Dórica[6] no se vanaglorie diciendo
que por segunda vez volvió a su amor
con añoranza.

16

Unos dicen que un ejército a caballo, otros, de
    infantes,
y otros, de naves, es lo más hermoso
sobre la negra tierra; mas yo digo que es aquello
que uno ama.

Y es muy fácil hacerlo comprender
a cualquiera, pues Helena, que con mucho
sobrepasaba en belleza a los humanos,
al marido más noble

dejó, y marchó a Troya navegando;
ni de su hija ni de sus padres queridos
se acordó para nada, sino que la sedujo...

(Cipris), pues su voluntad es inflexible
y cumple fácilmente sus propósitos.
Ello ahora me recuerda a Anactoria,
que está ausente.

---

6. Safo llama por este nombre a la cortesana Rodopis, con quien se dice que
Caraxo dilapidó su fortuna.

De ella quisiera ver el encanto de sus pasos
y el brillante destello de la luz de su rostro,
más que carros lidios y guerreros luchando a pie
con sus armas.

16 a

No es posible que un humano
sea feliz por completo; pero sí puede rogar
que participe (en la dicha). Por mí misma,
(yo lo he comprendido)...

... Pues aquellos a quienes
trato bien, son los que más me hieren,
sin esperarlo.

17

Que junto a mí celebren,
soberana Hera, tu grata fiesta,
que los reyes Atridas[7], según su voto,
instituyeron,

---

7. Referido a Agamenón y Menelao, hijos de Atreo y reyes de Micenas y Esparta, respectivamente.

tras llevar a cabo grandes hazañas,
primero en Troya, y después, cuando partieron
hacia aquí; pues no pudieron encontrar
el camino de vuelta

hasta recurrir a ti, a Zeus que escucha súplicas
y al seductor hijo de Tione[8].
También nosotros celebramos estos ritos,
según antigua costumbre,

puros y bellos: he aquí esta multitud
de doncellas y mujeres (reunida)
en torno a tu altar; desea entonar devotamente
al compás su grito ritual...

22 b

... A ti te llamo, Abantis[9],
toma la cítara (y canta)
a Góngila, mientras de nuevo el deseo
revolotea en torno a ti,

hermosa. Que hasta tu vestido
emociona a quien te ve, y yo me alegro;

---

8. Hera, Zeus y Dioniso —hijo de Sémele, llamada Tione al convertirse en diosa— formaban la tríada divina invocada en Lesbos, concretamente en el santuario de Meson.
9. Abantis y Góngila son muchachas del círculo de Safo.

pues en un tiempo os lo reprochaba, sí,
la misma diosa nacida en Chipre...

Así ruego...
Ello...
Quiero...

23

... Del amor esperaba...

Pues cuando miro tu rostro,
me parece que ni Hermíone era tan bella,
y que no es inadecuado compararte
a la rubia Helena[10].

Si fuera lícito a las mortales,
sábelo bien, de toda mi inquietud
... (me liberarías)...

... las orillas cubiertas de rocío...
... toda la noche en fiesta...

10. Se habla de Helena como prototipo de belleza femenina, seguida por su
hija Hermíone.

26

¿Cómo no sufriría uno a menudo tormento,
reina Cipris, sea quien sea a quien ama,
y no querría, ante todo, que se calmara su pena?
¿Qué tienes en mente

para desgarrarme vanamente con temblores
de un deseo que me afloja las rodillas?...

... A ti, quiero...
... experimentarlo
... y yo, por mí misma
lo he entendido[11].

27

... Sí, en un tiempo eras una tierna niña
y (te gustaba) cantar. Ea, háblanos
de todo eso, y haznos luego
un gran favor,

pues vamos a una boda: bien (lo sabes)
tú también. Cuanto antes
envía a las doncellas, y que a los dioses
no les falte (honor).

---

11. La traducción es aproximada, debido a lo incompleto del texto. Parece finalizar con una frase de resignación, como en el n.º 31, de un carácter semejante. Se trata de la llamada «Canción de Cipris», de la cual los papiros descubiertos recientemente han aportado fragmentos.

... (Es inaccesible) el camino al alto Olimpo,
para los humanos...

30

De noche...
Las doncellas...
en fiesta nocturna
cantan tu amor y el de tu novia
de ceñidor violeta.

¡Ea, despierta y marcha con los jóvenes
de tu edad, que veamos un sueño
tan breve como el del pájaro
de voz sonora!

31

Igual a los dioses me parece
el hombre que frente a ti
se sienta, y de tan cerca te escucha
hablar dulcemente

y reír seductora. Eso, de verdad,
me trastorna el corazón en el pecho,
pues al mirarte un instante, ya no puedo
decir ni una palabra:

la lengua se me quiebra, y al punto
un sutil fuego me recorre la piel,
nada veo con mis ojos y me zumban
fuertemente los oídos,

un sudor frío me baña y un temblor
toda me agita, más verde que la hierba
me vuelvo, y siento que me falta poco
para estar muerta.

Pero todo puede soportarse, porque...

32

(Las Musas), que me hicieron digna de honor
concediéndome el don de sus obras.

33

¡Afrodita de corona de oro,
si tuviera yo... esta suerte!

34

Astros en torno de la hermosa luna
atrás ocultan su brillante rostro,
siempre que, llena, intensamente luce
sobre la tierra...

plateada...

36

... Y anhelo, y con ardor deseo.

37

Por mis lágrimas que caen...

¡Que a quien me increpa se lo lleven los vientos
y las inquietudes!

38

¡Nos abrasas!

39

... Le cubría los pies
un calzado de cuero de colores,
bella obra de lidios.

40

Sobre tu altar (sacrificaré) una cabra blanca...
y te ofreceré libaciones.

41

Para vosotras, hermosas mías, mi modo de pensar
no cambia nunca.

42

(A las palomas) se les queda fría el alma
y a los lados dejan caer sus alas.

Libro segundo

44

Vino un heraldo, Ideo, veloz mensajero,
y deteniéndose... (dijo):
... «(Será) gloria inmarcesible (de Troya) y del resto
    de Asia:
Héctor y sus compañeros traen a la doncella de ojos
    vivos,
la dulce Andrómaca, desde la sagrada Teba y de
    Placia[12]
de inagotables corrientes, en las naves surcando el
    mar
salobre. (Con ella traen) muchos brazaletes de oro,
    vestidos
purpúreos que flotan al viento, joyas de todas clases,
e incontables vasijas de plata y marfil».

---

12. Eran ciudades de Asia Menor, Teba en la Tróade y Placia en la región de
Misia. El poema refleja las bodas de Héctor y Andrómaca, personajes de la
Ilíada en el bando troyano.

Así dijo. Levantose enseguida el padre (de Héctor),
y llegó la nueva por la espaciosa ciudad a sus amigos.
Al punto las troyanas uncieron a carruajes
de buenas ruedas las mulas, y subió la multitud
de mujeres, jovencitas de finos tobillos
y aparte, las hijas de Príamo...
Los hombres uncían a los carros sus caballos,
... todos los muchachos, y con magnificencia...
los aurigas...
... semejantes a los dioses
... sagrado, a la vez
se apresura... hacia Troya.
La flauta de dulce voz se unía (a la cítara)
y al castañeteo de crótalos, las doncellas
entonaban un cántico sagrado, y llegaba al aire puro
un prodigioso eco...
En los caminos, por todas partes,
(había) cráteras y copas...
Se confundían mirra, cinamomo e incienso.
Cuantas mujeres mayores había, gritaban de júbilo,
y los hombres a una cantaban con voz sonora
un bellísimo peán[13], invocando al Flechador de
    hermosa lira,
y loaban con himnos a Héctor y Andrómaca
    semejantes a dioses.

---

13. Canto en honor del dios Apolo, que recibe distintos epítetos.

44 a

... A Febo[14] de dorada cabellera, a quien dio a luz la
   hija de Ceo
unida al Crónida[15]... de ilustre nombre.
Pero Ártemis prestó el solemne juramento de los
   dioses,
por la cabeza (de su padre): «Seré siempre virgen
... en las cimas de los montes.
... ¡Confírmalo en favor mío!».
... Lo confirmó el padre de los felices dioses.
Las divinidades (la llaman) agreste cazadora
de ciervos, ... un gran sobrenombre.
... Eros jamás se le acerca.

46

Sobre un blando
almohadón relajaré mis miembros...

47

Eros agitó mis sentidos
como un viento, en la montaña, cae sobre las
   encinas.

---

14. Otro epíteto de Apolo, que significa «brillante».
15. O sea, Leto unida a Zeus, hijo de Cronos.

48

Viniste, e hiciste bien; yo te esperaba con ansia,
a ti, que refrescaste mi entraña ardiente de deseo.

49

Atis[16], me enamoré de ti hace tiempo.
...
Me parecías una niña chica e inmadura.

50

El que es hermoso, solo es hermoso a la vista,
pero el que es bueno, pronto será también hermoso.

51

No sé qué hacer: dividido está mi pensamiento.

52

No creo que pueda tocar el cielo con las manos...

53

¡Venerables Gracias de brazos de rosa, venid, hijas
de Zeus!

16. Compañera de Safo, en griego *Atthis*, que quizá significa «Ateniense». No confundir con el dios frigio Atis, *Attis*, amante de Cibeles.

Libro tercero

54

(Eros)
al venir del cielo, envuelto en capa de color
   púrpura...

55

Cuando mueras descansarás, y jamás ningún
   recuerdo
de ti habrá en el futuro; pues no tienes parte en las
   rosas
de Pieria[17]. Desconocida aun en casa de Hades,
vagarás, una vez hayas volado, entre oscuros
   muertos.

---

17. Región de Macedonia, cerca del monte Olimpo. Según una versión míti-
ca, vivían allí las Musas, por lo cual se interpreta que la expresión «rosas de
Pieria» se refiere al don de la poesía.

56

Creo que ni una doncella que vea la luz del sol
habrá, en ningún tiempo, de un saber
como el tuyo.

57

¿Qué rústica te hechiza la mente...,
una que lleva rústicos vestidos...
y no sabe dejar caer los trapos sobre los tobillos?

Libro cuarto

58 b

... Ahora, que haya fiesta,
... y (cuando me encuentre) bajo tierra,
... conservando el privilegio que me toca,
... que me admiren como ahora que estoy viva,
... si tomando la cítara sonora,
... Musa, entono un bello canto.

58 c

Vosotras, niñas, (esforzaos) en estos bellos dones de
    las Musas
de ceñidor violeta, y en la lira melodiosa, amiga del
    canto.
A mí, que antes tenía la piel tersa, ya la vejez
me invade, y de negros se han vuelto blancos mis
    cabellos,
me pesa el ánimo y no me sostienen las rodillas,

que un tiempo danzaban ágiles cual cervatillos.
Ahora me lamento a menudo. Pero ¿qué puedo
    hacer?
No es posible que un humano de envejecer se libre.
Pues incluso una vez, cuentan, Eos[18] de brazos de
    rosa,
(guiada) por el amor, fue a llevar al confín de la tierra
a Titono, que era hermoso y joven; pero aun así lo
    capturó,
con el tiempo, la gris vejez, aunque tenía una amante
inmortal.

58 d

Cuando muere la cantora, nadie la cree muerta por
    completo.
Que a otros les conceda el Crónida[19] cuanto deseen
    alcanzar;
pero yo amo la delicadeza, lo sabéis, y esta suerte me
    ha tocado:
el fulgor, el amor por el sol y la belleza.

18. La Aurora personificada, que raptó al joven Titono y lo hizo inmortal,
pero se olvidó de pedir a los dioses que no envejeciera.
19. Véase nota 15. Estos dos primeros versos son una reconstrucción hipoté-
tica de Di Benedetto, de un texto casi ilegible; pero la adoptamos por consi-
derarla plausible y sugestiva.

63 c

¡Negra visión nocturna
que vas y vienes con el sueño,
un dulce dios! Que el terrible poder
de la angustia se aparte de mí.
No espero participar
en una felicidad propia de dioses,
pues no siendo así...
Placeres...
Ojalá tuviera yo...
con que todo...

71

(No es justo), Mica,
... yo no lo permitiré.
... Escogiste el afecto de las Pentílidas[20]...
Eso, ¡oh, voluble! nos hirió el corazón.
... (Les ofreciste) un dulce canto,
... de son como la miel...
... y aires melodiosos...
... bañada de rocío...

---

20. Mujeres pertenecientes a una familia noble que se consideraba descendiente de Péntilo, hijo de Orestes y colonizador mítico de Lesbos. La familia de Safo era probablemente rival de la de los Pentílidas, y aquí se habla de la ingratitud de Mica, que ha abandonado su amistad por la de otras aristócratas.

81

Tú, Dica[21], ciñe con seductoras coronas tus cabellos,
trenzando ramitas de eneldo con tus delicadas
    manos,
pues a la ornada de flores... las Gracias venturosas
la prefieren, y se apartan de quien no lleva coronas.

82 a

Mnasidica, de más bella figura que la tierna Girino.

91

Más desdeñosa que tú, Irana, nunca vi ninguna.

21. Otra compañera de Safo, como también Mnasidica, Girino y, probable-
mente, Irana (que asimismo puede ser una rival).

Libro quinto

94

«¡No miento, prefiero estar muerta!»[22].
Ella me dejaba entre sollozos
y una y otra vez me dijo:
«¡Ay, qué pena tan terrible padecemos!
Safo, es cierto, contra mi voluntad te dejo».
Y yo le respondía:
«¡Sé feliz! Ve y acuérdate de mí,
pues sabes cómo te hemos cuidado.
Y si no, por mi parte quiero yo
evocar...
cuántas cosas (gratas) y hermosas vivimos:
Muchas coronas de violetas,
de rosas y de azafrán también,
junto a mí ceñiste a tu frente,
y muchas guirnaldas
trenzadas pusiste en torno

---

22. Nos inclinamos por atribuir a la joven que parte las palabras del primer
verso, como hacen autores recientes; el tono de la poeta parece más sereno.

a tu tierno cuello, hechas de flores,
y (todo tu cuerpo) te ungiste...
con un perfume precioso...
digno incluso de una reina,
y en un blando y delicado
lecho (tendida),
liberabas tu deseo...
y no había (boda) ni
tampoco santuario...
donde no estuviéramos presentes,
ni bosque sagrado...».

95

Góngila[23]...
Una señal lo anunciaba
a todos, en efecto...
Hermes vino...
Le dije: ¡Señor!...
No, ¡por la bienaventurada!
no me complazco en nada de aquí arriba, ...
Me invade un deseo de morir
y ver floridas de loto y cubiertas de rocío
las orillas del Aqueronte[24]...

23. Véase nota 9.
24. Río subterráneo que, en el imaginario de los griegos, separaba el mundo
de los vivos del Hades, morada de los difuntos. Una de las funciones del dios
Hermes era la de acompañar a las almas a este lugar.

Desde Sardes[25]...
A menudo tenía puesto aquí su pensamiento,
de cómo vivíamos juntas...
Te tenía igual que a una celebrada diosa
y se alegraba sumamente con tu canto.
Pero ahora se distingue entre mujeres
lidias, como cuando al ponerse
el sol, la luna de rosados dedos
supera a todos los astros: difunde su luz
por encima del salobre mar,
igual que por los campos llenos de flores.
Se extiende un bello rocío y florecen
las rosas, el tierno perifollo
y el lozano meliloto.
Y ella va y viene sin parar, recordando
a la dulce Atis con nostalgia,
y se consume en su tierno corazón.
(Desearía) que fuéramos allí... Eso no...
... fuertemente
resuena (el mar) que nos separa.
No es fácil para nosotras igualar
la belleza digna de amor de las diosas...
... tienes...
... a través del aire puro
... y Afrodita

25. Capital del reino de Lidia, en Asia Menor.

nos escanciaba el néctar
de una vasija de oro...
... Con sus manos, Persuasión...
... hacia Geresto[26]...
... amigas...

98 a

... La que me dio el ser (me decía)
que en su juventud era un gran
aderezo, si una se trenzaba el cabello
con una cinta purpúrea.
Sí, eso era distinguido,
pero a quien tiene cabellera
más rubia que una antorcha,
le va mejor adornarse con coronas
de flores muy frescas...
Y hace poco, la fama de las diademas
de colores, procedentes de Sardes,
(ha llegado) a las ciudades jonias...

98 b

Yo para ti, Cleide[27], no tengo
una diadema de colores, ni sé dónde

26. Promontorio de la isla de Eubea, donde había un templo de Poseidón.
27. Según la tradición, hija de Safo.

encontrarla; sino que al de Mitilene[28]...
Hija mía, ... tener...
si hay coloreadas...
Estos recuerdos del exilio
de los Cleanáctidas[29] conserva
la ciudad; pues sufrieron una ruina terrible.

99 a

... Después de poco tiempo...
los Polianáctidas...
a las de Samos[30]...
Hacer resonar en las cuerdas
que reciben el plectro[31]...
De este modo, (la cítara)
de amable son vibra placentera...

28. Ciudad principal de la isla de Lesbos. Probablemente se hace referencia a Pítaco, gobernante a finales del siglo VII a. C., el cual había prohibido la importación de objetos de lujo.
29. Familia aristocrática de Mitilene, a la que pertenecía Mírsilo, derrocado por Pítaco. La de los Polianáctidas de los fragmentos 99 y 155 es otra familia, rival de la de Safo.
30. Isla del mar Egeo.
31. En este contexto, nos parece más probable la traducción de *ólisbos* por «plectro», cuya invención un testimonio atribuye a Safo (normalmente significa «consolador»).

99 b

Hijo de Leto y Zeus[32]...
Asiste a tus ritos...
dejando la boscosa...
... el oráculo...
... a tu hermana,
como hija...
Muestra... de nuevo quiero señalar
a este alocado Polianáctida

100

La envolvió bien con delicadas telas de lino.

101

A Afrodita
Velos de color púrpura...
flotantes al viento
... mandó desde Focea[33],
preciosas ofrendas...

32. Invocación a Apolo, cuya hermana es la diosa Ártemis. La autenticidad de los fragmentos 99 a y b es discutida.
33. Colonia griega al norte de Asia Menor.

101 a

De bajo sus alas, (la cigarra)
emite un canto sonoro,
siempre que (el verano) llameante
vuela sobre la tierra...

Libro sexto

102

Dulce madre, ya no puedo tejer mi tela,
vencida de añoranza de un joven, por culpa de la
suave Afrodita.

Epitalamios

104 a

Estrella vespertina, que traes cuanto la fulgente
  aurora dispersó:
Traes la oveja, traes la cabra, traes... la niña a su
  madre.

104 b

De todas las estrellas, la más hermosa.

105 a

Como la dulce manzana enrojece en lo alto de la
  rama,
en lo alto de la más alta, y los cosechadores la
  olvidaron;
no, no la olvidaron, sino que no pudieron alcanzarla.

105 c

Como el jacinto que en los montes los pastores
pisan con sus pies, y en tierra la flor púrpura...

106

Distinguido, como el cantor lesbio entre los de otro
   lugar.

107

¿Es que todavía anhelo la virginidad?

108

¡Oh hermosa, oh muchacha llena de encanto!

109

La entregaremos, dice el padre.

110

El portero tiene unos pies de siete brazas
y sandalias hechas de cinco pieles de buey;
   en ellas diez zapateros trabajaron.

111

Muy arriba el techo
¡himeneo!
levantad, carpinteros:
¡himeneo!
Entra el novio como un Ares,
¡himeneo!
mucho más alto que un hombre alto,
¡himeneo!

112

Novio feliz, tu boda, como suplicabas,
se ha cumplido, y tienes la doncella que rogabas.
Es agraciada tu figura; tus ojos, ...
dulces como la miel, y el amor se difunde sobre tu
      rostro seductor.
... Te ha honrado con creces Afrodita.

113

Pues no hay, novio,
otra joven que la iguale.

114

La novia
—Virginidad, virginidad, ¿adónde vas, que me dejas?
La virginidad
—Ya no volveré a ti, ya no volveré.

115

¿A qué, novio amigo, te comparo con acierto?
A un tierno brote, ante todo, te comparo.

116

¡Sé feliz, novia, sé feliz, honorable novio, con creces!

117

¡Que seas feliz, novia, y sea feliz el novio!

De libro incierto

118

¡Ea, lira divina, háblame,
cobra voz!

120

No soy una persona rencorosa
de carácter, no: tengo tranquilo el espíritu.

121

Antes bien, si eres mi amigo,
búscate un lecho más nuevo:
yo no osaría vivir
contigo siendo más vieja.

122

(Vi,) recogiendo flores, a una niña demasiado tierna.

123

Hace poco, (me ha despertado) Eos de sandalias de
oro.

124

Tú en persona, musa Calíope...

125

Yo, de joven, trenzaba coronas.

126

¡Que duermas sobre el pecho de una tierna
compañera!

127

¡Venid de nuevo aquí, Musas, dejad (vuestra casa) de
oro!

128

¡Venid ahora, tiernas Gracias y Musas de hermosos
   cabellos!

129

Me tienes en el olvido.
¿O es que amas a otra persona más que a mí?

130

De nuevo Eros, el que afloja los miembros, me agita,
dulceamargo reptil irresistible.
...
Atis, se te hizo odioso
pensar en mí, y vuelas hacia Andrómeda[34].

132

Tengo una hermosa niña de belleza semejante
a doradas flores, mi Cleide querida.
No la cambiaría por la Lidia entera, ni por la
   amable...

34. Rival de Safo, se supone que presidía otro grupo de cantoras.

133

¡Tiene Andrómeda una bonita recompensa...!
...
Safo, ¿por qué a Afrodita, la que otorga dicha...?

134

Hablé contigo en sueños, diosa nacida en Chipre.

135

Irana, ¿por qué a mí la golondrina hija de
Pandión[35]...?

136

Mensajero de primavera, el ruiseñor de voz
seductora...

137

—Quiero decirte algo, pero me lo impide
la vergüenza...
—Si tuvieras deseos nobles y bellos

---

35. Rey ateniense padre de dos hijas, Procne y Filomela. Después de una
trágica historia, la primera fue metamorfoseada en golondrina y la segunda,
en ruiseñor.

y tu lengua no tramara decir algo maligno,
la vergüenza no velaría tus ojos,
sino que hablarías como es justo.

138

Quédate frente a mí, amigo,
y despliega la gracia que hay en tus ojos.

140

—El tierno Adonis[36], Citerea[37], está muriendo. ¿Qué
podemos hacer?
—Golpeaos el pecho y desgarraos la túnica,
muchachas.

141

Había allí una crátera
con una mezcla de ambrosía,
y Hermes con una vasija la escanciaba a los dioses.
Todos ellos, entonces,
sostenían las copas
y libaban, deseando toda clase de bienes al novio.

---

36. Amante de Afrodita, muerto por un jabalí. Probablemente era un dios de
la vegetación de origen oriental, cuyos ritos las mujeres celebraban anualmente.
37. Nombre de Afrodita que la relaciona con la isla de Citera, adonde según
el mito la llevaron los Céfiros tras su nacimiento.

142

Leto y Níobe[38] eran compañeras muy amigas.

143

Dorados garbanzos brotaban en las orillas.

144

Ya muy hastiados
de Gorgo[39].

145

No remuevas la grava[40].

146

A mí, ni miel ni abeja me interesan.

---

38. Leto era la madre de Apolo y Ártemis. Níobe, hija de Tántalo, se burló de ella por haber tenido solo dos hijos, cuando ella tenía siete varones y siete hijas. Pero Apolo y Ártemis se vengaron matando a los hijos de Níobe; por tanto, es de suponer que el poema hablaba de una amistad que más tarde se rompió.
39. Se cree que era una rival de Safo; su nombre recuerda el de la Gorgona, monstruo que petrificaba con la mirada.
40. Al parecer, este verso y el siguiente recogen frases proverbiales.

147

Afirmo que algún otro aún nos recuerda.

148

La riqueza sin virtud no es un vecino inocuo
(pero la mezcla de ambas supone la máxima dicha).

149

Cuando toda la noche los captura (el sueño)...

150

No se permite que en casa de quien sirve a las Musas
haya cantos de duelo...
No nos estaría bien[41].

151

En sus ojos el negro sueño de la noche...

152

Mezclada con colores variopintos...

41. Palabras dirigidas a Cleide, según un testimonio.

153

A una doncella de dulce voz...

154

Fulgía llena, la luna,
y cuando ellas rodearon el altar...

155

¡Por mí, váyase en buena hora la hija del
Polianáctida![42]

156

Mucho más melodiosa que la cítara, ...
más dorada que el oro...

158

Cuando la ira se difunde en el pecho,
hay que vigilar la lengua atolondrada.

---

42. Expresado con ironía. Véase nota 29.

159

Tú, y también Eros, mi ayudante[43]...

160

Para complacer a mis compañeras,
entonaré ahora estos hermosos cantos.

161

Poned vuestra atención en ella..., pretendientes,
... reyes de ciudades.

166

Dicen que una vez Leda[44] encontró un huevo
... del color del jacinto, bien recubierto.

168

¡Oh, Adonis![45]

43. Habla Afrodita, con quien su hijo Eros colabora.
44. Esposa de Tindáreo, rey de Esparta. Según una versión mítica, encontró un huevo que había puesto Némesis, transformada en oca y seducida por Zeus. En otra versión más conocida, fue Leda quien se convirtió en cisne y Zeus bajo la misma apariencia se unió a ella. De huevos que puso nacieron Helena, Clitemnestra y dos gemelos, los Dióscuros.
45. Grito ritual de su culto. Véase nota 36.

168 a

Más amante de los niños que Gēlo[46]...

168 b

Se han sumergido la luna
y las Pléyades[47]; es medianoche
y pasa el momento.
¡Y yo duermo sola!

168 c

Se viste de colores
la tierra, llena de guirnaldas.

46. Monstruo femenino que raptaba criaturas.
47. Constelación procedente, según el mito, de las siete hijas de Atlante trans-
formadas en estrellas. Este fragmento se ha atribuido tradicionalmente a Safo,
aunque parece ser más bien de origen popular.